Be yourself challenge

Le programme pour te libérer et te réaliser

Sandrine HK

Be yourself challenge

Et si le bonheur c'était d'être pleinement soi-même ?

Le programme pour te libérer et te réaliser

2019

Améthyste Éditions

À propos de l'auteure

Responsable d'un magasin de vêtements, passionnée depuis toujours de spiritualité, de développement personnel, d'ésoterisme et de thérapies alternatives, Sandrine HK quitte son emploi pour ouvrir un cabinet de magnétiseur. Au bout de quelques années, ayant la volonté d'aider un plus grand nombre que dans l'intimité de son cabinet, elle décide de changer de voie et de partager ses expériences et apprentissages sur Internet.

Aujourd'hui blogueuse, youtubeuse et auteure, elle est suivie par des milliers de personnes.

Vous pouvez la retrouver sur les réseaux sociaux et sa chaîne YouTube, cherchez Sandrine HK.

www.sandrinehk.com

À propos de l'illustratrice

Anne Mahler est illustratrice depuis 2012. Elle illustre des albums jeunesse, va dans les écoles et bibliothèques pour partager sa méthode de dessin (Des pas-à-pas simples et accessibles à tous dès 4ans !) et réalise des commandes de particuliers (logos, portraits, etc).

Depuis quelques années, elle s'intéresse de plus en plus au développement personnel et au bien-être et illustre alors aussi sur ces thèmes qui lui tiennent à coeur !

En 2017 elle crée une chaîne YouTube avec Baptiste Puaud, gratuite et accessible aux petits comme aux grands. De courtes vidéos pour apprendre à dessiner toutes sortes d'animaux, de personnages, plantes ou objets.

----> https://www.youtube.com/channel/UCuiLTNZi3n0DDCb3LLGsW8Q?sub_confirmation=1

Vous pouvez retrouver ses travaux sur internet :
https://www.facebook.com/anne.mahler.5
Instagram : Anne Mahler

À mes enfants,
puissiez-vous suivre toujours
votre propre lumière.

Améthyste Éditions
29 les hautes louves
83820 RAYOL CANADEL
FRANCE

www.amethyste-editions.com

Retrouvez-nous sur les réseaux sociaux
Facebook @AmethysteEditions
Twitter @AllianceMagique
Instagram @alliancemagique

Illustrations (fillette) : Anne Mahler.
Couverture, création graphique et mise en page : Sandrine Pennard.
Images : istock/ElenaMedvedeva (plantes), istock/mikimad (post-it p. 15 et p. 21), istock/simon2579 (vecteurs fleurs), istock/Vikeriya (théière p. 128).

Un Label des Éditions Alliance Magique
ISBN : 979-10-97154-20-2
Dépôt légal : 1er trimestre 2019

Sommaire

Qui es-tu ?

Je pense que tu es une âme qui possède un corps et non un corps qui possède une âme. Je pense que l'âme est notre être profond, notre essence première, notre essence-ciel. C'est pourquoi il est nécessaire de lui donner toute la place qu'elle mérite. Elle s'exprime entre autres à travers l'intuition pour nous indiquer ses aspirations.

Lorsque nous étions enfants, nous étions très intuitifs, puis cette particularité s'est dissipée chez la plupart d'entre nous au fur et à mesure des années, sous le poids des croyances, de notre éducation familiale, de l'école, des rencontres, des médias, de notre histoire et de nos suppositions.

Depuis notre plus jeune âge, nous apprenons à réfléchir, à mentaliser et nous nous coupons petit à petit de nos ressentis. Toutefois, le mental n'est pas une mauvaise chose en soi, des mouvements New Age ont souvent crié à l'abolition de celui-ci. Je pense que tout est bon dans l'équilibre, le mental est nécessaire à notre Vie sur Terre. Mais dans notre société actuelle, il est parfois un peu trop présent et étouffe notre âme.

Tous les choix que nous faisons sont bien trop souvent influencés par ce mental omniprésent au détriment de l'âme qui est une partie très importante si ce n'est la plus importante. Parfois, nous ne nous autorisons pas à vivre nos aspirations par peur. Parfois, nous ne savons même plus qui nous sommes ou quel chemin emprunter. Nous laissons nos blessures nous grignoter et la peur de l'inconnu nous figer. Nous avons un GPS interne avec lequel nous avons perdu la communication mais uniquement dans un sens puisque ce GPS continue d'émettre pour nous aider à nous réaliser. Nous verrons ici comment l'entendre.

Ton âme t'a déjà parlé de nombreuses fois, elle s'est exprimée à travers ton intuition, ta joie, des situations, tes rêves (au sens propre comme au figuré), mais aussi à travers des maladies (l'âme a dit). L'âme que l'on n'écoute pas va créer des déséquilibres ; cela peut être des déséquilibres d'ordre physique ou psychique à travers des pathologies, des accidents, des troubles émotionnels, des troubles psychologiques. Il y a aussi des situations difficiles ou des schémas répétitifs négatifs dans ta Vie. Des troubles apparaissent aussi en fonction de la manière dont tu traites ton corps et ton esprit. Nous sommes un ensemble composé de plusieurs parties, un engrenage qui a besoin de toutes ses pièces pour fonctionner.

C'est pour cela que dans ce programme, nous travaillerons sur tout ce qui fait ce que tu es : une âme, un corps et un esprit. Après les avoir longtemps séparés, aujourd'hui je me rends compte qu'ils fonctionnent en interdépendance. Si tu stimules une partie, elle agit sur les autres, mais chaque partie doit être stimulée.

Ce programme vise à te découvrir ou te redécouvrir. Et si le bonheur était d'être pleinement soi-même ? Je t'aiderai à le devenir, un pas à la fois, en te libérant et en allant chercher les réponses en toi. Et si tu te réalisais enfin ?

Je te propose des exercices pendant 12 semaines.

« Seul on va plus vite, ensemble on va plus loin. »

Faisons connaissance

Je m'appelle Sandrine HK, j'ai 38 ans, je suis mariée et j'ai trois enfants.

Depuis l'enfance, ma Vie a été dictée ou influencée par la société.

Finalement, je n'ai jamais vraiment fait mes propres choix. Je les faisais en fonction de mon éducation, des autres, des médias. Je ne faisais pas vraiment ce que j'avais envie de faire, je m'adaptais. D'ailleurs est-ce que je savais vraiment ce que je voulais au plus profond de moi ? Non, c'était comme étouffé par les conditionnements extérieurs.

Je ne savais pas qu'il était possible de *vivre de ses rêves*, d'ailleurs les rêves ne pouvaient pas être réalisés. Je pensais que si j'avais un CDI, une maison, des enfants, j'avais réussi dans la Vie. J'ai eu tout cela mais je ressentais toujours un vide profond. Que voulait dire « réussir sa Vie » ? Était-ce vraiment comme dans une publicité pour de la Ricorée ? Je l'ai cru à une époque, je l'ai vécu et pourtant je n'étais pas heureuse.

Et puis, j'ai découvert que j'avais une âme. Toutes ces années, je n'étais pas vraiment moi-même. J'étais une pâle copie d'autres personnes auxquelles je me comparais. Se comparer ça n'est pas être soi-même. Se comparer c'est éteindre sa petite flamme intérieure, c'est se minimiser. On jalouse, on ne sent pas à la hauteur, c'est normal de ne pas être à la hauteur. Cette personne n'est pas toi ! Être à la hauteur de soi-même, c'est plus juste.

J'ai alors décidé de me faire confiance et de suivre ce que m'indiquait mon âme à travers l'intuition et la joie.

Ma vie a changé de façon plus positive.

J'ai quitté un job dans le commerce qui ne me convenait plus pour *vivre de ma passion* pour le magnétisme sans savoir de quoi serait fait demain. Oui j'ai eu peur, comment pourrais-je nourrir ma famille ? Et puis tous ces crédits, comment pourrions-nous les payer sans la certitude de revenus fixes ? J'ai opéré des changements en douceur, réfléchi. Je gardais quand même les pieds sur Terre mais j'allais dans la direction du changement.

Lorsque la transition fut venue, mes revenus n'étaient plus aussi importants mais je m'épanouissais et ma qualité de Vie augmentait, c'était cela le plus important. Je pense que l'argent ne doit pas être un moteur, c'est le rôle de la joie. Si tu suis ta joie intelligemment alors les portes s'ouvriront et l'abondance d'une manière générale s'installera dans ta vie. Selon mon expérience, la vie pourvoie à tes besoins dès lors que tu t'engages sur le chemin de ton âme. J'ai souvent cherché les réponses à l'extérieur jusqu'à ce que je comprenne qu'elles étaient en moi et dans mes propres expériences.

Au fur et à mesure de *ma pratique en tant que magnétiseur*, je me rendais compte pendant les consultations que si telle personne *méditait* juste 10 minutes par jour, elle ne serait plus dépressive. Si une autre allait chercher au plus profond d'elle la cause du problème et travailler dessus plutôt que de vouloir traiter le symptôme alors *elle ferait un immense pas vers sa guérison*, le plus grand.

Alors, j'ai commencé à créer des vidéos pour *partager* mon point de vue. Tu les trouveras sur ma chaîne YouTube « Sandrine HK ».

La chaîne gravite autour de la spiritualité, du développement personnel, de l'ésotérisme et du bien-être. Ces domaines qui me passionnent tant.

Le magnétisme a été comme un tremplin, une expérience enrichissante qui m'a amenée à aider les autres différemment et en plus grand nombre grâce à Internet.

Au départ, je me disais que j'avais trouvé mon chemin définitif, que je serai magnétiseur toute ma Vie, mais c'était oublier que la Vie est mouvement.

Parfois, alors que j'allais commencer une journée de consultation, j'espérais qu'un consultant annule son rendez-vous pour que je puisse me consacrer au montage d'une de mes vidéos. Et cela s'est reproduit plusieurs fois, j'ai alors compris que mon cœur n'était plus au magnétisme et que j'aspirais à d'autres choses. Je magnétise toujours mais n'en fait plus un métier aujourd'hui.

J'ai de nouveau suivi mon intuition, je me suis écoutée et j'ai décidé de vivre de mes partages sur Internet, de mes livres, de mes formations, etc.

Forte de mes expériences, de mes connaissances, de ma capacité d'écoute et d'aide aux autres, j'ai identifié les différents blocages qui nous sabotent tous, j'ai compris que nous avions tous droit au bonheur et qu'il fallait aller le chercher en nous et non à l'extérieur. Cela commence par soi, redevenir pleinement soi-même. C'est dans cet esprit que j'ai conçu ce programme que tu as maintenant entre les mains.

Bien sûr, cela ne t'empêchera pas de vivre encore des épreuves, je sais de quoi je parle, mon fils cadet est atteint d'un cancer et c'est l'épreuve la plus difficile que j'ai vécue et que je vis encore. Il y a certaines choses qui nous échappent mais que nous devons vivre pour je ne sais quelles raisons. Notre angle de vue est parfois si étroit que nous ne comprenons pas toujours pourquoi des situations difficiles nous « tombent » dessus. Pourtant, j'ai l'intime conviction qu'elles sont nécessaires à une évolution, qu'elles servent à quelque chose de plus grand que nous comprendrons bien plus tard dans cette vie là ou ailleurs. Pour cette raison, je ne crois pas vraiment au bonheur, si ce n'est que l'on est beaucoup plus heureux lorsque l'on est soi-même. Je crois surtout au pouvoir de la paix intérieure parce qu'il y aura toujours des situations difficiles extérieures sur lesquelles tu n'auras pas d'emprise. Je t'aiderai à aller vers cette paix intérieure.

Tout le long du challenge, tu auras besoin de prendre des notes et d'effectuer des exercices écrits. C'est pourquoi je te conseille d'utiliser un petit classeur avec des feuilles séparées par 8 intercalaires nommées comme suit :
1. Corps • 2. Âme • 3. Esprit • 4. Méditation • 5. Écriture intuitive • 6. Rêves • 7. Je suis • 8. Notes

Les exercices

Je me suis présentée, c'est maintenant à ton tour.

Ton premier exercice sera de te présenter comme tu le souhaites, tu n'es pas obligé de suivre un « plan » ou de t'inspirer de ce que j'ai écrit. Imagine que nous sommes tous les deux en tête-à-tête et que je te demande de me parler de toi.

> Écris ta présentation à l'intercalaire « Je suis ».

Semaine 1 • Les Chakras

Cette semaine, tu vas travailler sur tes 7 centres énergétiques principaux. On les appelle plus communément des « chakras » (mot sanskrit qui signifie roue). Leur fonctionnement influence toute notre Vie quotidienne.

Lorsque l'âme n'est pas en accord avec ce qui se passe dans ta vie ou lorsqu'elle souffre d'une situation, elle peut créer un déséquilibre sur un ou plusieurs de tes centres énergétiques. Ces 7 centres énergétiques correspondent chacun à une glande, à une zone organe, à des parties du corps, à des domaines, à des sens. En énergétique, nous pensons que lorsque tes chakras sont en déséquilibre, c'est-à-dire lorsqu'ils sont sous-stimulés ou sur-stimulés, ils créent des pathologies corporelles ou des troubles émotionnels et/ou psychologiques.

Tous les aspects de ton être sont liés et agissent en interdépendance. Je pense au corps, à l'âme et à l'esprit. Chaque partie peut créer des dysfonctionnements. Il convient de prendre soin de toutes ces parties de façon équilibrée. Tout au long du challenge, nous travaillerons chaque partie et à mesure que l'on travaillera une partie, tu verras qu'elle agira sur les autres. Ainsi, j'ai remarqué que lorsque je méditais régulièrement (travail de l'âme), j'avais beaucoup plus envie de prendre soin de mon corps et j'étais beaucoup plus motivée et endurante au sport. Inversement le sport était aussi une forme de méditation, il me permettait de vider ce trop-plein mental et mon esprit était plus clair, plus performant.

Pour commencer, je te propose de travailler sur l'âme parce que c'est ton essence première et parce que dans notre société « moderne », c'est celle qui est la plus mise de côté alors qu'elle a tant à apporter. Nous ne souffrons pas vraiment de ce que nous vivons, nous souffrons de la déconnexion à notre angle de vue le plus grand.

« Sans l'âme, le corps n'aurait pas de sentiment ; et sans le corps, l'âme n'aurait pas de sensations. »
Rivarol

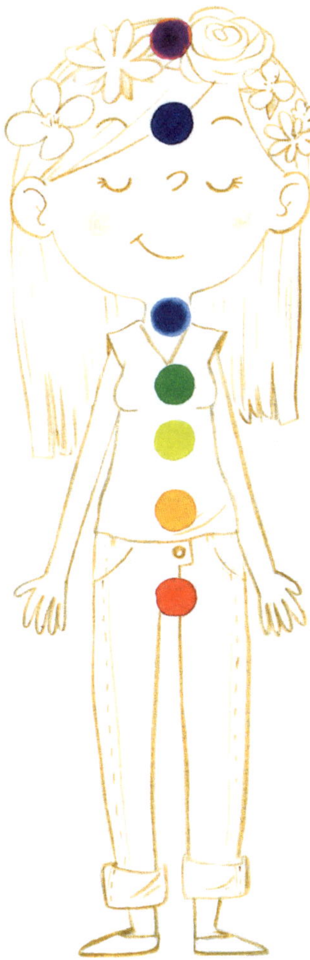

Chakra Coronal
Spiritualité
« Je sais »

Chakra du 3e Œil
Conscience
« Je vois »

Chakra de la Gorge
Communication
« Je parle »

Chakra du Cœur
Amour, Guérison
« J'aime »

Chakra du Plexus Solaire
Sagesse, Puissance
« Je fais »

Chakra Sacré
Sexualité, Créativité
« Je ressens »

Chakra Racine
Vie
« Je suis »

S1/Jour 1

Chakra racine/ Vie

« Je suis »

Toutes les informations que tu trouveras ici concernant les chakras sont le fruit d'années de recherche, dans les livres, sur Internet, en conférence, en expérimentation. J'ai souvent retrouvé des contradictions sur le domaine d'un chakra ou sur la pathologie associée d'un discours à l'autre. Je me suis rendu compte que parfois, tout était juste puisqu'une pathologie pouvait être le fruit d'un déséquilibre de plusieurs chakras en même temps. Ainsi l'anorexie qui est un trouble alimentaire et identitaire sera associée au chakra racine « je suis », l'alimentation étant un de nos besoins primaires. Dans l'anorexie, il y a aussi la notion de perte d'appétit qui est caractéristique du chakra sacré. Parfois, une partie du corps ou un domaine peut être également lié à plusieurs chakras. Par exemple, le nez pour l'odorat du premier chakra et pour les sinus du sixième chakra.

Les chakras fonctionnent en interdépendance. J'ai regroupé ici ce qui me semblait le plus cohérent et ce que je retrouvais le plus dans mes recherches, cela n'est pas parole d'évangile mais constitue une bonne base.

Le premier chakra, de couleur rouge dit chakra racine ou Muladhara en sanskrit est situé au niveau de la base de la colonne vertébrale, au niveau du coccyx.

Les domaines qui le concernent sont nos besoins primaires, la confiance, la force, la stabilité, la sécurité, la survie, l'ancrage, l'énergie vitale, la capacité à vivre l'instant présent, la maison, la mère, la Terre, l'argent, le travail. D'une manière plus générale le domaine matériel et la Vie terrestre.

Élément : Terre.

Les glandes sont les surrénales qui synthétisent et libèrent de nombreuses hormones dans la circulation du sang telles que l'adrénaline.

Le sens physique est l'odorat.

Les parties du corps sont le squelette, l'anus, le rectum, le gros intestin, les cellules, le système immunitaire, les jambes, les pieds, les dents, les ongles, les cheveux, le nez.

Quelques mots-clés d'un chakra racine équilibré : vitalité, force intérieure, stabilité, ancrage, centrage, prospérité, confiance, instant présent, courage, solidité, sociabilité, détermination, persévérance, satisfaction, etc.

Quelques mots-clés d'un chakra racine déséquilibré : stress, anxiété, agressivité, manque de volonté, manque de confiance, inquiétude, insécurité, besoin de posséder, épicurisme, égoïsme, manque de lâcher-prise, difficulté à donner ou recevoir, domination, colère, faiblesse corporelle et psychique, instabilité, susceptibilité, jalousie, étourderie, dans la lune, inattentif, lâcheté, victimisation, peur du changement, peur du manque, négativité, cauchemars, vie professionnelle qui ne convient pas, problème d'argent, procrastination, dépendance, problème relationnel avec la mère, etc.

Quelques pathologies physiques et psychiques associées au chakra racine : Bien évidemment, les pathologies seront en lien avec les parties du corps ou les domaines associés, ainsi une pelade sera liée à ce chakra qui agit sur les cheveux. Dans le même esprit, on peut faire le lien avec des troubles alimentaires, des troubles digestifs, des hémorroïdes, de la constipation, une sciatique, de l'anxiété, etc. À toi de faire le lien avec tes propres pathologies en fonction des zones et domaines du chakra.

Actions pour t'aider à stimuler ce chakra :

> Se reconnecter à la Terre en se baladant dans la nature, en marchant pieds nus dans ton jardin, dans le sable à la mer ou en enlaçant un arbre, etc.
> Régler les conflits avec ta maman ou au moins faire un premier pas.
> Commencer son arbre généalogique.
> S'adonner à des tâches quotidiennes terrestres telles que la cuisine, le bricolage, le jardinage, le ménage, etc.
> Chercher du travail si tu n'en as pas ou commencer à penser à une reconversion si tu n'aimes plus ou n'as jamais aimé le tien. Prendre des congés ou lever le pied si tu travailles trop, etc.
> Faire ses tâches quotidiennes en étant pleinement présent à ce que l'on fait. C'est-à-dire en faisant qu'une seule tâche à la fois et en étant concentré uniquement sur celle-ci. En effectuant tes tâches quotidiennes, essaie d'être le plus présent possible à ce que tu fais. Lorsque tu te rends compte que tes pensées vagabondent, reviens à ce que tu fais.
> Faire une séance de sport.

Les exercices

> Liste à l'intercalaire « Corps » quels dysfonctionnements en fonction des domaines, des glandes, du sens physique, des parties du corps et des mots-clés en déséquilibre te concernent. Classe-les ensuite du plus pénible au moins pénible dans ta Vie. Si tu te sens vraiment au top sur ce chakra, fais quand même l'exercice qui suit.

> Aujourd'hui effectue une ou plusieurs actions parmi celles proposées ci-dessus pour t'aider à stimuler ce chakra.

À noter : Tout au long du programme tu trouveras des méditations guidées complémentaires au programme. Si tu as un moyen d'accès à Internet, je te les conseille vivement, comme une aide supplémentaire.

> Avant ta méditation guidée, reprends ta liste, quel est le mot le plus pénible ? Tu travailleras sur ce mot lors de ta méditation. Tu pourras refaire quand tu le souhaites cette méditation avec d'autres mots de ta liste.

> **Écoute la méditation guidée n°1: « Chakra racine »**

(Lien : www.be-yourself-challenge.com/chakra-racine.php)

> Juste après cette méditation guidée, à la suite de ce que tu as déjà écrit, note tes impressions et sensations.

S1/Jour 2

Chakra sacré/sexualité, créativité

« Je ressens »

Le deuxième chakra, de couleur orange dit chakra sacré ou Svadhisthana en sanskrit est situé au dessus des organes génitaux.

Élément : Eau

Les domaines qui le concernent sont les sensations, les émotions, la sensualité, la sexualité, le désir, le plaisir du corps, la créativité, la vitalité, les relations, le mouvement, la procréation.

Les glandes sont les gonades : ovaires et testicules.

Le sens physique est le goût.

Les parties du corps sont les organes génitaux, le bassin, les reins, l'appendice, la vessie, le côlon, la zone lombaire, le système d'assimilation, tous les liquides du corps, la lymphe, la prostate.

Quelques mots-clés d'un chakra sacré équilibré : spontanéité, ouverture d'esprit, créativité, sensualité, enthousiasme, émerveillement, sexualité épanouie, bon relationnel, bien-être, épanouissement, joie de vivre, appétit, plaisir, expression des émotions, naturel, etc.

Quelques mots-clés d'un chakra sacré déséquilibré : dépendance aux autres, obsession sexuelle, manque de désir ou satisfaction sexuelle, incapacité à s'engager, méfiance, malhonnêteté, impulsivité, lunatisme, manque d'appétit, etc.

Quelques pathologies physiques et psychiques associées au chakra sacré : Bien évidemment, les pathologies seront en lien avec les parties du corps ou les domaines associés, ainsi un problème utérin sera lié à ce chakra qui agit sur les organes génitaux. Dans le même esprit, on peut faire le lien avec l'impuissance, l'infertilité, la frigidité, l'éjaculation précoce, les problèmes de nerf sciatique, les problèmes dans la zone lombaire, les problèmes de vessie tels qu'infections urinaires ou de reins comme la pyélonéphrite, etc. À toi de faire le lien avec tes propres pathologies en fonction des zones et domaines du chakra.

Actions pour t'aider à stimuler ce chakra :

- Avoir un contact avec l'eau d'une manière générale. Boire beaucoup plus d'eau que d'habitude. Se baigner. Se promener autour d'un point d'eau calme (lac, étang) Prendre un bain. Écouter le bruit de l'eau qui coule.
- Prendre soin de son corps par une nourriture saine, une activité sportive.
- Se faire masser, je pense plus particulièrement aux massages tantriques qui sont un bon moyen d'éveiller la sensualité.
- Danser.
- S'adonner à une activité créative.

Les exercices

- Liste à l'intercalaire « Corps » quels dysfonctionnements en fonction des domaines, des glandes, du sens physique, des parties du corps et des mots-clés en déséquilibre te concernent. Classe-les ensuite du plus pénible au moins pénible dans ta Vie. Si tu te sens vraiment au top sur ce chakra, fais quand même l'exercice qui suit.
- Aujourd'hui effectue une ou plusieurs actions parmi celles proposées ci-dessus pour t'aider à stimuler ce chakra.
- Avant ta méditation guidée, reprends ta liste, quel est le mot le plus pénible ? Tu travailleras sur ce mot lors de ta méditation. Tu pourras refaire quand tu le souhaites cette méditation avec d'autres mots de ta liste.
- **Écoute la méditation guidée n°2 : « Chakra sacré » (le fond sonore « eau qui coule » peut te donner envie d'aller aux toilettes, prends tes dispositions avant la méditation.)**

(Lien : www.be-yourself-challenge.com/chakra-sacre.php)

- Juste après cette méditation guidée, à la suite de ce que tu as déjà écrit, note tes impressions et sensations.

S1/Jour 3

Chakra du plexus solaire/ liberté, pouvoir

« Je fais »

Le troisième chakra de **couleur jaune** dit chakra du plexus solaire ou Manipura en sanskrit est situé comme son nom l'indique au niveau du plexus solaire, au centre du tronc.

Élément : Feu

Les domaines qui le concernent sont le sentiment de liberté, la force de caractère, l'estime de soi, la discipline, l'éthique, le contrôle, le pouvoir personnel, le courage, le mental, la volonté, l'action.

Le sens physique est la vue.

La glande est le pancréas, digestion de la nourriture.

Les parties du corps sont le bas du dos, zone du plexus solaire, le système digestif, l'estomac, le foie, la vésicule biliaire, la rate, les muscles, les articulations, la peau, la zone abdominale.

Quelques mots-clés d'un chakra du plexus solaire équilibré :
Liberté, confiance en soi, contrôle, pouvoir mental, rayonnement, se sentir à sa place, leadership, s'imposer, faire, être dans l'action, dynamisme, prise de décision, conscience de sa valeur, persévérance, plein d'idées, acceptation, etc.

Quelques mots-clés d'un chakra du plexus solaire déséquilibré :
Indécision, inquiétude, peur des responsabilités, domination, tyrannie, manipulation, peur

de la critique, du rejet, de l'abandon, culpabilité, s'auto-rabaisser, honte, orgueil, manque de confiance en soi, rechercher la reconnaissance, irritabilité, etc.

Quelques pathologies physiques et psychiques associées au chakra du plexus solaire :

Bien évidemment, les pathologies seront en lien avec les parties du corps ou les domaines associés, ainsi un problème digestif sera lié à ce chakra qui agit sur le système digestif. Dans le même esprit, on peut faire le lien avec les allergies alimentaires, les nausées, les ulcères, le diabète, l'hépatite, etc. À toi de faire le lien avec tes propres pathologies en fonction des zones et domaines du chakra.

Actions pour t'aider à stimuler ce chakra :

> Se lancer des challenges, des défis.
> Sortir de sa zone de confort.
> Être dans l'action pour réaliser ses rêves, même petit pas par petit pas.
> Prendre un bain de soleil ou faire une cure de luminothérapie.
> Contempler un feu de cheminée ou un feu de camp et se laisser réchauffer par sa chaleur.

Les exercices

> Liste à l'intercalaire « Corps » quels dysfonctionnements en fonction des domaines, des glandes, du sens physique, des parties du corps et des mots-clés en déséquilibre te concernent. Classe-les ensuite du plus pénible au moins pénible dans ta Vie. Si tu te sens vraiment au top sur ce chakra, fais quand même l'exercice qui suit.
> Aujourd'hui, effectue une ou plusieurs actions personnelles parmi celles proposées ci-dessus pour t'aider à stimuler ce chakra.
> Avant ta méditation guidée, reprends ta liste, quel est le mot le plus pénible ? Tu travailleras sur ce mot lors de ta méditation. Tu pourras refaire quand tu le souhaites cette méditation avec d'autres mots de ta liste.
> **Écoute la méditation guidée n°3 : « Chakra du plexus solaire »**
(Lien : www.be-yourself-challenge.com/chakra-plexus-solaire.php)
> Juste après cette méditation guidée, à la suite de ce que tu as déjà écrit, note tes impressions et sensations.

S1/Jour 4

Chakra du cœur/Amour, guérison

« J'aime »

Le quatrième chakra de **couleur verte** dit chakra du cœur ou Anahata en sanskrit est situé au milieu de la poitrine.

Élément : Air.

Les domaines qui le concernent sont l'amour, l'amour inconditionnel, la vie, le relationnel, la compassion, la sagesse, l'acceptation de soi, l'inspiration, la paix, etc.

Le sens physique est le toucher.

La glande est le thymus qui régule la croissance et le système immunitaire.

Les parties du corps sont le système cardiaque, la cage thoracique, la partie supérieure du dos, la partie inférieure des poumons, le système immunitaire, la circulation sanguine, la poitrine, les bras, les mains.

Quelques mots-clés d'un chakra du cœur équilibré : empathie, tolérance, s'aimer, aimer les autres, bonheur, gratitude, pardon, équilibre, détachement, acceptation, harmonie, sincérité, amical, convivial, jovial, serviable, etc.

Quelques mots-clés d'un chakra du cœur déséquilibré : tristesse, désespoir, égocentrisme, narcissisme, passions amoureuses destructrices, se sentir supérieur aux autres, dépendance affective, déprime, froideur, indifférence, solitude, cruauté, sarcasme, possession, ingratitude, instabilité, exigence, critique, amour conditionnel, paranoïa, peur du rejet, peur de la séparation, sauveur autoproclamé, antisocial, rancunier, envie de plaire à tout le monde, etc.

Quelques pathologies physiques et psychiques associées au chakra cœur : Bien évidemment, les pathologies seront en lien avec les parties du corps ou les domaines associés, ainsi une péricardite sera liée à ce chakra qui agit sur le cœur. Dans le même esprit, on peut faire le lien avec les infections pulmonaires, l'hypertension, les problèmes de circulation, les difficultés respiratoires, les problèmes dans le haut du dos, les infarctus, la dépression, etc. À toi de faire le lien avec tes propres pathologies en fonction des zones et domaines du chakra.

Actions pour t'aider à stimuler ce chakra :

> Pratiquer la gratitude. Exprimer sa gratitude c'est être reconnaissant de tout ce qui nous arrive dans notre Vie et de tout ce que l'on a. Prendre un moment pour faire une liste et remercier profondément pour toutes ces choses.

> Pardonner ou faire un premier pas vers le pardon envers soi-même ou quelqu'un d'autre.

> Donner de son temps à quelqu'un, faire un cadeau ou encore lui rendre un service.

> Exprimer ses sentiments profonds à une personne et lui montrer son affection.

> Étreindre sincèrement une ou plusieurs personnes. Pour les plus audacieux, vous pouvez toujours aller faire des « free hugs » dans la rue. Si vous choisissez cette option, n'hésitez pas à y aller à plusieurs, cela enlève un peu d'appréhension.

Les exercices

> Liste à l'intercalaire « Corps » quels dysfonctionnements en fonction des domaines, des glandes, du sens physique, des parties du corps et des mots-clés en déséquilibre te concernent. Classe-les ensuite du plus pénible au moins pénible dans ta Vie. Si tu te sens vraiment au top sur ce chakra, fais quand même l'exercice qui suit.

> Aujourd'hui effectue une ou plusieurs actions parmi celles proposées ci-dessus pour t'aider à stimuler ce chakra.

> Avant ta méditation guidée, reprends ta liste, quel est le mot le plus pénible ? Tu travailleras sur ce mot lors de ta méditation. Tu pourras refaire quand tu le souhaites cette méditation avec d'autres mots de ta liste.

> **Écoute la méditation guidée n°4 : « Chakra du cœur »**
(Lien : www.be-yourself-challenge.com/chakra-coeur.php)

> Juste après cette méditation guidée, à la suite de ce que tu as déjà écrit, note tes impressions et sensations.

S1/Jour 5

Chakra de la gorge/Communication

« Je parle. »

Le cinquième chakra de **couleur bleue** dit chakra de la gorge ou Vishudda en sanskrit est situé au niveau de la gorge.

Élément : Éther.

Les domaines qui le concernent sont l'expression, la communication verbale et non verbale mais aussi la communication avec les mondes subtils.

Le sens physique est l'ouïe.

La glande est la thyroïde qui joue un rôle indispensable au bon fonctionnement de notre organisme. Elle agit sur tous nos organes.

Les parties du corps sont les zones de la gorge, cou, nuque, mâchoire, les oreilles, la bouche, la voix, la trachée, la partie supérieure des poumons, l'œsophage, les bronches, les cordes vocales, les bras, les épaules, les mains.

Quelques mots-clés d'un chakra de la gorge équilibré : capacité à s'exprimer et à écouter, affirmation, guide, assurance, intuitif, capacité à écouter et suivre son intuition, créativité, droiture, indépendance, etc.

Quelques mots-clés d'un chakra de la gorge déséquilibré : manipulation, bavardages, commérages, vouloir toujours avoir le dernier mot, vouloir toujours avoir raison, mauvaise foi, ironie, mégalomanie, grossièreté, arrogance, autosatisfaction, dogmatisme, verbalement agressif, méchanceté, incapacité à garder des secrets, tendance à ne pas tenir ses promesses, timidité, bafouillage, voix cassée, voix inaudible, fluette ou à l'inverse voix qui porte, incohérence, peu expressif, introverti, peureux, etc.

Quelques pathologies physiques et psychiques associées au chakra de la gorge : Bien évidemment, les pathologies seront en lien avec les parties du corps ou les domaines associés, ainsi une bronchite sera liée à ce chakra qui agit sur les bronches. Dans le même esprit, on peut faire le lien avec les amygdales, les angines, les laryngites, de la mythomanie, du bégaiement, des douleurs dans la nuque, des troubles de la thyroïde, etc. À toi de faire le lien avec tes propres pathologies en fonction des zones et domaines du chakra.

Actions pour t'aider à stimuler ce chakra :

> Exprimer ce que l'on a sur le cœur, avec calme et diplomatie sans jugement.

> Faire le silence en soi et autour de soi pendant quelques heures, une journée voire plus.

> Chanter, rapper, slamer, faire des vocalises ou réciter des mantras.

> Prendre la parole en public (cette dernière proposition travaillera aussi ton chakra du plexus solaire, autant faire d'une pierre deux coups).

> Faire des exercices de respiration profonde. Tu en trouveras sur Internet.

Les exercices

> Liste à l'intercalaire « Corps » quels dysfonctionnements en fonction des domaines, des glandes, du sens physique, des parties du corps et des mots-clés en déséquilibre te concernent. Classe-les ensuite du plus pénible au moins pénible dans ta Vie. Si tu te sens vraiment au top sur ce chakra, fais quand même l'exercice qui suit.

> Aujourd'hui effectue une ou plusieurs actions parmi celles proposées ci-dessus pour t'aider à stimuler ce chakra.

> Avant ta méditation guidée, reprends ta liste, quel est le mot le plus pénible ? Tu travailleras sur ce mot lors de ta méditation. Tu pourras refaire quand tu le souhaites cette méditation avec d'autres mots de ta liste.

> **Écoute la méditation guidée n°5 : « Chakra de la gorge »**

(Lien : www.be-yourself-challenge.com/chakra-gorge.php)

Juste après cette méditation guidée, à la suite de ce que tu as déjà écrit, note tes impressions et sensations.

S1/Jour 6

Chakra du troisième œil/Conscience

<< Je vois >>

Le sixième chakra de couleur bleu indigo dit chakra du troisième œil ou Ajna en sanskrit est situé au niveau du front entre les deux sourcils.

Les domaines qui le concernent sont l'intuition, la connaissance, l'imagination, la clairvoyance, l'autoréflexion, la conscience universelle.

Le sens spirituel est les perceptions extra-sensorielles.

La glande est l'hypophyse qui harmonise les glandes.

Les parties du corps sont le nez, les sinus, les yeux, le visage, le cervelet, la partie inférieure du cerveau, l'oreille interne, la croissance.

Quelques mots-clés d'un chakra du troisième œil équilibré : Conscience de notre nature profonde spirituelle, comprendre que l'Univers est parfait, lucidité, réalisation de l'âme, intelligence, mental reposé, discernement, etc.

Quelques mots-clés d'un chakra du troisième œil déséquilibré : Manque d'imagination ou imagination trop débordante, rejet de la nature spirituelle, certitude de détenir la vérité, mysticisme, intellectualisation poussée, extrême attachement au monde matériel et terrestre ou inversement, manque de curiosité, intuition absente, manque de personnalité, manque de caractère, ne pense pas par soi-même, manque de libre arbitre, avoir la grosse tête, mépris, etc.

Quelques pathologies physiques et psychiques associées au chakra du troisième œil : Bien évidemment, les pathologies seront en lien avec les parties du corps ou les domaines associés, ainsi une sinusite sera liée à ce chakra qui agit sur les sinus. Dans le même esprit, on peut faire le lien avec les maux de tête, les troubles oculaires, les troubles du sommeil, les pensées obsédantes, la confusion mentale, l'épilepsie, les hallucinations, etc. À toi de faire le lien avec tes propres pathologies en fonction des zones et domaines du chakra.

Actions pour t'aider à stimuler ce chakra :

> La méditation de pleine conscience.

> Stimuler son intuition à travers des exercices. À ce propos, j'ai fait une vidéo dans laquelle je te propose « 11 exercices pour développer son intuition », tu la trouveras sur ma chaîne YouTube « Sandrine HK ». Il existe d'autres exercices sur Internet, fais ceux qui te parlent le plus.

Les exercices

> Liste à l'intercalaire « Corps » quels dysfonctionnements en fonction des domaines, des glandes, du sens physique, des parties du corps et des mots-clés en déséquilibre te concernent. Classe-les ensuite du plus pénible au moins pénible dans ta Vie. Si tu te sens vraiment au top sur ce chakra, fais quand même l'exercice qui suit.

> Si aujourd'hui tu choisis de faire l'exercice de la méditation de pleine conscience, voici comment procéder :

Installe-toi confortablement en position assise ou allongée, ferme les yeux et concentre-toi sur ta respiration. Dès que tu te rends compte que tu penses, concentre-toi à nouveau sur ta respiration. N'aie pas d'attentes, suis juste ces instructions. L'exercice doit durer minimum 10 minutes, tu peux utiliser un minuteur dont tu règleras le volume le plus doucement possible pour ne pas sortir de ton état méditatif trop brutalement. Lorsque le temps est écoulé, reviens à toi doucement.

> Avant ta méditation guidée, reprends ta liste, quel est le mot le plus pénible ? Tu travailleras sur ce mot lors de ta méditation. Tu pourras refaire quand tu le souhaites cette méditation avec d'autres mots de ta liste.

> **Écoute la méditation guidée n°6: « Chakra du troisième œil »**

(Lien : www.be-yourself-challenge.com/chakra-troisieme-oeil.php)

> Juste après cette méditation guidée, à la suite de ce que tu as déjà écrit, note tes impressions et sensations.

S1/Jour 7

Chakra coronal/Spiritualité

« Je sais »

Le septième chakra de **couleur violette** dit chakra coronal ou Sahasrara en sanskrit est situé sur le sommet du crâne.

Les domaines qui le concernent sont la spiritualité, l'infini, la conscience universelle, la connexion au divin, la compréhension, le père.

Le sens spirituel est l'empathie.

Les parties du corps associées sont la zone du sommet de la tête et du cerveau, le système nerveux central.

La glande est l'épiphyse qui agit globalement sur l'organisme.

Quelques mots-clés d'un chakra coronal équilibré : Sentiment de reliance à tout, empathie, pleine conscience, pureté, émerveillement, paix, authenticité, maturité, présence, gratitude, charisme, rayonnement, illumination, quiétude, bonheur, acceptation et compréhension de la souffrance, accomplissement, etc.

Quelques mots-clés d'un chakra coronal déséquilibré : Peur de la mort, surmenage, psychorigidité, personnalité « Gourou », matérialisme poussé, ego maître, déconnexion avec le corps, athéisme, irresponsabilité, etc.

Quelques pathologies physiques et psychiques associées au chakra coronal : Bien évidemment, les pathologies seront en lien avec les parties du corps ou les domaines associés, ainsi des maux de tête seront liés à ce chakra qui agit sur la tête et le cerveau. Dans le même esprit, on peut faire le lien avec de la schizophrénie, de la folie, des délires mystiques ou plus généralement des problèmes psychiatriques, de la dépression, des dépendances, etc. À toi de faire le lien avec tes propres pathologies en fonction des zones et domaines du chakra.

Actions pour t'aider à équilibrer ce chakra :

> Méditer.

> Contempler un paysage.

> Se balader en hauteur. (à la montagne par exemple)

> Régler les conflits avec ton papa ou du moins faire un premier pas.

> Prier.

> Prendre du recul sur une situation.

Les exercices

> Liste à l'intercalaire « Corps » quels dysfonctionnements en fonction des domaines, des glandes, du sens physique, des parties du corps et des mots-clés en déséquilibre te concernent. Classe-les ensuite du plus pénible au moins pénible dans ta Vie. Si tu te sens vraiment au top sur ce chakra, fais quand même l'exercice qui suit.

> Aujourd'hui effectue une ou plusieurs actions parmi celles proposées ci-dessus pour t'aider à stimuler ce chakra.

> Avant ta méditation guidée, reprends ta liste, quel est le mot le plus pénible ? Tu travailleras sur ce mot lors de ta méditation. Tu pourras refaire quand tu le souhaites cette méditation avec d'autres mots de ta liste.

> **Écoute la méditation guidée n°7: « Chakra coronal »**
(Lien : www.be-yourself-challenge.com/chakra-coronal.php)

> Juste après cette méditation guidée, à la suite de ce que tu as déjà écrit, note tes impressions et sensations.

Semaine 2 • Je médite seul

Pour cette deuxième semaine, tu vas pratiquer la méditation de pleine conscience. Tu as peut-être choisi de faire cet exercice le sixième jour de ta première semaine du programme.

Tu pratiquais peut-être déjà et dans ce cas c'est super car tu vas approfondir la pratique et l'intégrer à d'autres notions. Peut-être as-tu déjà essayé mais tu n'as pas accroché, la raison est que tu n'y arrives pas, tu n'arrives pas à ne pas penser. La bonne nouvelle c'est que la méditation ne te le demande pas ! Peut-être n'as-tu pas le temps. C'est juste une excuse. Je pense que la raison profonde est que tu ne sais pas comment t'y prendre et/ou comme tu ne ressens pas de bienfaits immédiats cela ne t'intéresse pas et/ou tu as des préjugés sur le sujet. Tu verras que c'est loin de tous les clichés :

> C'est abordable pour tous. Ce n'est pas réservé à une élite ou à un groupe de personnes illuminées, d'ailleurs on ne te demande pas d'atteindre l'illumination ou de te retirer dans un monastère bouddhiste. La méditation n'est pas non plus d'ordre religieux, ou un exercice pour personnes « perchées ». C'est un excellent outil mieux-être.

> Ce n'est pas une technique de relaxation, nous ne cherchons pas à nous détendre à travers la méditation, nous allons vers la pleine conscience, l'instant présent. Même si se sentir plus détendu est l'un des bienfaits de la méditation. Grâce à la méditation et sa pratique régulière, tu seras plus présent. Ainsi tu rumineras de moins en moins ton passé donc tu seras moins dépressif et tu angoisseras de moins en moins pour l'avenir donc tu seras moins stressé. Être dans l'instant présent te permettra de mieux voir, entendre, sentir et ressentir ton environnement qu'il soit terrestre ou subtil. Je vois le monde de manière différente puisque

je ne suis plus tout le temps dans ce mental omniprésent et donc plus dans l'analyse et les suppositions constantes. Il ne s'agit pas de faire taire le mental, nous en avons aussi besoin pour nous réaliser, mais hélas dans notre société, il a pris une place trop importante. Il suffit juste de rétablir un équilibre nécessaire.

> La pratique de la méditation ne te demande pas de ne pas penser. Si en méditation une ou des pensées te viennent, dès que tu t'en rends compte, reviens à un point de concentration : ta respiration, un mantra ou un point de la pièce si tu as les yeux ouverts par exemple.

> La pratique de la méditation ne te demande pas non plus d'être zen et calme. Elle est d'autant plus réservée à toi qui n'arrives pas à être dans cet état.

> Pour pratiquer la méditation, tu n'as besoin de rien d'autre que toi-même. Si tu aimes « ritualiser » ce moment tu peux utiliser une bougie, de l'encens, un coussin de médiation, etc. Mais si tu n'en possèdes pas et que tu n'as pas envie de les utiliser tu n'as besoin de rien !

> Tu peux pratiquer dans une position confortable pour toi. Nul besoin d'être un yogi.

> Il n'y a pas de but à atteindre, quoi qu'il se passe en séance de méditation, tout est juste. Si tu penses que tu n'as pas médité correctement ça n'est pas le cas. Il n'est pas nécessaire d'avoir des ressentis ou atteindre un état. La méditation agit sur la durée, n'aie pas d'attentes, fais l'exercice le temps donné et c'est tout. Tu te rendras compte petit à petit des bienfaits de la méditation sur du moyen, long terme grâce à une pratique régulière.

« La méditation c'est une conscience claire de tout événement, un souffle apaisé, un accord avec le monde. »

Blaise Pascal

S2/Jour 1

Conscience du mental

Aujourd'hui, tu vas prendre conscience de ce mental un peu trop présent.

Les exercices

> Prends un petit objet que tu vas placer sur une table pendant 5 minutes (utilise un minuteur). Observe cet objet et concentre-toi sur lui. À chaque fois que ta pensée dévie sur autre chose que l'objet, fais un petit bâton à l'intercalaire « Notes ». Le nombre de bâtons correspond au nombre de fois où tu n'as pas été présent en l'espace de 5 minutes. À l'issue de l'exercice, quelles sont tes conclusions ?

S2/Jour 2

L'instant présent

Le passé n'est plus là et ne reviendra plus, pourtant il nous fait souvent souffrir. Le futur n'est pas encore là, pourtant il nous angoisse. Le temps le plus important est le présent, d'ailleurs on l'appelle le « présent » synonyme de « cadeau ». Le hic est que nous ne savons pas vraiment y vivre. Nous l'avons vu hier juste en l'espace de 5 minutes, tu n'as pas réussi à rester totalement présent.

Les exercices

Aujourd'hui, je te propose une méditation qui va t'aider à t'exercer à cet état de présence avec pour point de concentration les parties de ton corps.

Pour commencer, allonge-toi confortablement, prends trois grosses inspirations et expirations puis ferme les yeux.

Tu vas effectuer un scan corporel en te concentrant sur chacune des parties de ton corps. Commence par les pieds, ressens-les. Sont-ils appuyés ? Sont-ils confortables ? Ressens-tu des tensions ? Etc. Tu remonteras ensuite tout le long du corps zone après zone pour finir avec ton crâne. Dès que tu te rends compte que tu penses, reviens à la dernière partie du corps.

Si tu préfères être guidé et si tu as un moyen d'accès à Internet, je te propose que l'on fasse cette méditation ensemble ici :

> **Écoute la méditation guidée n°8 : « L'instant présent - body scan »**

(Lien : www.be-yourself-challenge.com/instant-present.php)

S2/Jours 3 à 7

Je médite seul

Pour être soi-même, il est important de savoir qui l'on est vraiment et pas ce que l'on pense être à travers notre environnement, nos croyances, notre éducation, nos conditionnements et les autres.

Pour se découvrir ou plutôt se redécouvrir, il est nécessaire d'aller chercher profondément les réponses en nous, notre âme les connaît toutes.

Le moyen pour aller les chercher est entre autres la méditation de pleine conscience. Nous méditons déjà de bien des manières souvent sans nous en rendre compte, lorsque nous faisons du sport, lorsque nous nous adonnons à des tâches ménagères, etc. En règle générale, lorsque nous sommes concentrés sur une seule tâche. Ici, il s'agit d'avoir conscience de cet exercice.

Depuis que je pratique régulièrement la méditation de pleine conscience, j'ai l'impression d'avoir enlevé des œillères, je suis plus consciente, je me sens mieux dans tous les aspects de ma vie, ma vision du monde et des évènements a changé de manière plus positive. Je suis plus présente, j'ai envie de prendre soin de moi, j'ai plus de force physique et mentale, je suis plus endurante, plus motivée, je me sens mieux dans ma peau, dans ma vie, je suis plus joyeuse, je ressens de moins en moins de sentiments négatifs, ceux qui me tiraient vers le bas autrefois, je me sens plus connectée à mon être profond et donc je prends de bien meilleures décisions pour mon épanouissement personnel et professionnel.

Les méditations guidées sont de très bons compléments à la méditation de pleine conscience, mais elles ne les remplacent pas.

Aujourd'hui, je vais t'apprendre à méditer seul.

Comment méditer ?

> Tu méditeras 10 minutes par jour en une seule fois au départ. Ensuite, au fur et à mesure des méditations, tu pourras augmenter ton temps de méditation, augmente par palier de 2 à 5 minutes. Ne sois pas trop ambitieux, cela risquerait de te dégoûter. Pendant le programme je te conseille de ne pas dépasser 20 minutes par jour si tu es un débutant parce que tu as d'autres exercices à faire et je n'ai pas envie que tu te démotives. À la fin du programme, si tu as l'envie de continuer la méditation, tu pourras méditer plus longtemps voire même passer à plusieurs séances par jour. Dans tous les cas, je pense que 20 minutes par jour est une bonne moyenne.

Personnellement j'essaie le plus possible de méditer 20 minutes le matin à jeun et 20 minutes en fin d'après-midi.

Bien évidemment, si tu as l'habitude de méditer, tu peux tout de suite méditer plus longuement que 10 minutes.

> Tu privilégieras la position assise pour un meilleur alignement et pour éviter l'endormissement. Tu peux t'asseoir confortablement, pas besoin d'opter pour la position du lotus si elle t'est inconfortable. Le dos devra être droit. Encore une fois, si la position t'est pénible, adosse-toi à un dossier ou à un mur. Il est important d'être le plus confortable possible.

> Pour ne pas regarder l'heure, je te conseille d'utiliser le minuteur de ton Smartphone par exemple, qui ne te sera peut-être plus utile par la suite car au fur et à mesure de la pratique, notre horloge interne fait ce travail-là. Si tu optes pour l'option du minuteur, configure une sonnerie douce pour ne pas te faire sortir de ton état méditatif trop brutalement.

> Tu peux te mettre en condition avec une musique douce, de l'encens, une bougie par exemple. Tous ces accessoires sont facultatifs et ne doivent pas t'emprisonner, tu dois pouvoir méditer sans rien. Pour la musique, elle peut aussi faire office de minuteur. Tu peux te créer une playlist qui dure le temps souhaité. Lorsque le dernier morceau sera terminé, tu sauras que ta méditation aussi. Et puis, si tu as envie de prolonger, tu peux le faire beaucoup plus facilement qu'avec un minuteur qui demande à être éteint.

Personnellement, j'aime méditer avec l'application « Insight Timer ». Cette application propose en majorité des options gratuites intéressantes qui m'aident à la méditation. Je peux choisir mon temps de méditation et me faire sortir de mon état au son d'un bol tibétain ou de tingshas (cymbales tibétaines) ce qui est beaucoup plus agréable qu'une sonnerie de téléphone. Je peux choisir en fond sonore des musiques méditatives ou des sons si je le souhaite. Et on me propose même des méditations guidées dans un grand nombre de langues. Tu retrouveras d'ailleurs quelques-unes de mes méditations guidées sur l'application.

> L'idéal est de méditer le matin à distance des repas. Mais ce n'est en aucun cas une obligation. La digestion n'est pas un moment propice à la méditation.

> S'il y a du bruit autour de toi, ce n'est pas un frein à la méditation, cela ne doit pas être une excuse pour ne pas pratiquer. Tu peux méditer partout, même dans des lieux publics.

> Tu n'as pas le temps ? Même pas 10 minutes par jour ? C'est une excuse ! Si tu n'as pas le temps, la méditation t'est encore plus réservée ! Un sage a dit à peu près ceci : « Médite une heure par jour, si tu n'as pas le temps, médite deux heures ». Parfois dans un souci d'économie de temps tu vas passer sur des choses importantes et cela va entraîner une perte de temps bien plus grande ensuite.

> Dès que tu te rends compte que tu penses, concentre-toi sur une seule chose. En général, on se concentre sur sa respiration ou un mantra. Si tu préfères garder les yeux ouverts pendant ta méditation, tu peux te concentrer sur un point de la pièce.

Personnellement je préfère méditer les yeux fermés et me concentrer sur ma respiration.

> Ton mental va vouloir des résultats, il va même les imaginer et si tu ne les obtiens pas il va te forcer à abandonner. La méditation est un exercice qui demande de la pratique et de la persévérance. Comme lorsque tu commences un sport pour améliorer ta silhouette par exemple. Il faudra un certain temps qui varie d'une personne à l'autre pour voir les premiers résultats sur ton corps. Pour la méditation c'est pareil, la pratique sera peut-être difficile au début, n'abandonne surtout pas c'est sur la longueur que tu découvriras des résultats.

> Ton mental va t'envoyer des informations d'inconfort physique telles que le nez qui gratte, des fourmis dans les jambes, etc. Le mental voudra encore jouer son rôle d'omniprésence comme il en a l'habitude, il va te le dire de cette façon. Donne-lui du travail, fais–le se concentrer sur ton point d'attention. Et si toutefois, tu es gêné par des bruits ambiants, si quelqu'un te coupe, si tu ressens le besoin de te gratter, ne recommence pas tout depuis le début, reviens à ton point d'attention et finis la méditation sur le temps qu'il reste sans être agacé, ces instants feront partie de ta méditation, ils ne sont pas à rejeter. Souvent, nous pensons qu'il n'y a pas eu d'effet, c'est faux, il y en a toujours même si nous ne nous en rendons pas compte.

Les exercices

> Je sais que c'est difficile de pratiquer une discipline qui ne nous donne pas de résultats immédiats. Je sais aussi que si tu as ce programme entre les mains, c'est que tu as envie de changer quelque chose dans ta Vie, la méditation va grandement t'aider. Avec tout ce que je t'ai dit sur la méditation, visualise comment tu seras dans le futur si tu médites régulièrement. Écris à l'intercalaire « Méditation » les bienfaits que tu as retenus et qui sont intéressants pour toi. Si tu ne t'en souviens plus, n'hésite pas à relire ce que j'ai écrit depuis le début de cette semaine ou d'aller lire des articles sur le sujet.

Une fois écrit, ressens chaque mot comme s'ils étaient déjà là. Lorsque tu auras une petite baisse de motivation et que tu te trouveras des excuses pour ne pas faire ta séance (surtout au début), relis et ressens ce que tu as écrit.

> Fais ta méditation de pleine conscience telle que je viens de te l'expliquer plus haut.

> Note tes impressions et sensations physiques et intérieures à l'intercalaire « Méditation » Cela peut-être des images, des pensées, des idées, l'impression d'être touché, des fourmillements, une chaleur, un goût, une odeur, etc.

Semaine 3 • Qui suis-je ?

Il y a une différence entre ce que je pense être, ce que les autres pensent que je suis et ce que je suis vraiment. Ton âme, elle, le sait et te le dit, mais l'entends-tu ?

« Si je ne suis pas pour moi, qui le sera ?
Et si je suis pour moi, qui suis-je ? »

Le Talmud

S3/Jour 1

Je Suis

Nous pouvons dire que *je suis* sympathique, pourtant le type sur qui je viens d'hurler parce qu'il venait de me couper la priorité en voiture ne dira pas la même chose. Nous pouvons dire que *je suis* magnétiseur parce que je pratique le magnétisme, pourtant certains diront que *je suis* un charlatan parce qu'ils ne croient pas à l'action curative de cette pratique.

Le pissenlit par exemple est une très belle fleur emplie d'une symbolique magnifique, pourtant certains la voient comme une mauvaise herbe.

J'ai eu une période dans l'enfance pendant laquelle les adultes m'impressionnaient. Alors je me cachais derrière ma mère lorsque je rencontrais une nouvelle grande personne pour la première fois. Ma mère disait comme pour m'excuser « *elle est* timide » alors pendant plusieurs années j'ai continué à être timide. Est-ce que *je suis* timide ? Je me suis rendu compte que je ne l'étais pas, je vais facilement vers les autres. Mais puisque ma mère m'avait collé cette étiquette de timide depuis l'enfance, je l'ai cru pendant longtemps, les années qui ont suivi.

Les adjectifs que je choisirais pour me définir dépendront de ma vision du monde et de mes suppositions.

Les adjectifs que les autres choisiront pour me définir dépendront de leur vision du monde et de leurs suppositions.

Il y a une chose dont je suis sûre c'est que *Je Suis*. Et ça c'est vraiment formidable ! D'ailleurs un bébé avant tous ses conditionnements se contente d'être. Il ne se pose pas de questions sur ce qui le caractérise, *il est*.

Les exercices

> La mauvaise nouvelle c'est que quoi que tu fasses, tu seras toujours critiqué, jugé par les autres. La bonne nouvelle c'est que partant de ce constat autant être et faire ce qui te met en joie.

> Écris 10 fois, à l'intercalaire « Âme » :

« Aujourd'hui je choisis d'être ce que je suis réellement au plus profond de mon cœur et qu'importe ce qu'en pensent les autres, cela ne me regarde pas. »

Pendant que tu l'écris, lis cette phrase à voix haute et ressens-la. À l'avenir lorsque tu te sentiras bloqué par le regard des autres, reprend cette phrase et récite-la avec le cœur plusieurs fois comme un mantra.

> Fais une méditation de pleine conscience.

> Note tes impressions et sensations physiques et intérieures à l'intercalaire « Méditation ». Cela peut être des images, des pensées, des idées, l'impression d'être touché, des fourmillements, une chaleur, un goût, une odeur, etc.

S3/Jour 2

Je ne sais pas quelle est ma joie

Parfois, je ressens de la joie juste en ayant une idée, ou en pensant à l'un de mes rêves. Cela me procure une petite sensation de bonheur. J'appelle cela le frémissement d'âme. Une espèce de mini explosion positive interne qui se diffuse dans tout le corps. Lorsque je la ressens, je sais que je dois aller dans sa direction. Soudainement une idée accompagnée de ce frémissement délicieux et hop, je suis sur la bonne voie même si mon mental n'est pas toujours d'accord. Alors oui, parfois je suis allée vers ce frémissement, donc, jusqu'au bout de mon idée et ça n'a pas été une réussite. Pourtant, à chaque fois j'ai appris quelque chose d'important pour la suite. Cette idée qui d'apparence pourrait sembler avoir été un échec m'a aidée à aller vers autre chose, à avancer d'une certaine manière. L'idée n'est pas forcément la finalité, elle est le chemin pour aller vers quelque chose qui nous correspond. L'échec n'existe pas vraiment, il nous permet de réajuster nos voiles. « Il n'y a que ceux qui ne se plantent pas qui ne poussent pas. »

Parfois tu t'empêches d'aller vers ta joie parce que tu te mets tout un tas de barrières en fonction de tes croyances, de ton éducation, des autres, de tes peurs. Peut-être qu'aussi tu ne ressens plus ce sentiment, tu n'as envie de rien, tu t'ennuies, tu ressens un vide profond, tu ne sais pas où aller, tu ne sais pas ce qui pourrait t'apporter de la joie. Pourtant, c'est là pour tout le monde sous des couches de mental.

Les exercices

> Réfléchis et écris à l'intercalaire « Esprit » ce que tu aimes faire dans la Vie, ce qui te passionne.

Si tu ne penses à rien de particulier, regarde en arrière, qu'as-tu aimé faire dans le passé ? De quoi pourrais-tu parler pendant des heures ? Dans quelle activité tu ne vois pas le temps passer ? Que serais-tu prêt à payer pour pouvoir le faire ? Quelles sont tes qualités ? Ne réfléchis pas au succès et à l'argent qui ne doivent rester que des conséquences et non un but. Pensent plutôt à ce que tu aimerais faire chaque jour si l'argent et le succès n'existaient pas. À quoi occuperais-tu tes journées ?

> Quelles voies personnelles ou professionnelles sont en lien avec tes passions et qualités ?

Je t'invite également à faire la méditation guidée suivante si tu peux te connecter à Internet :

Écoute la méditation guidée n° 9 : « À la découverte de ton potentiel »

(Lien : www.be-yourself-challenge.com/potentiel.php)

> Si tu ne peux pas faire cette méditation guidée, fais ta méditation de pleine conscience.

> Note tes impressions et sensations physiques et intérieures à l'intercalaire « Méditations ». Cela peut-être des images, des pensées, des idées, l'impression d'être touché, des fourmillements, une chaleur, un goût, une odeur, etc.

> Si tu as fait la méditation guidée, note ce que tu as « découvert » au cours de ta méditation, à l'intercalaire « Esprit ». Même si c'est juste un détail qui te semble insignifiant. Si tu n'as rien découvert ne te formalise pas, c'est que ce n'était pas encore le moment, la méditation quotidienne va t'aider à réveiller tes frémissements d'âme.

S3/Jour 3

Demande à ton âme

Hier tu as tenté de connaître ce que tu aimes faire.

> Sois tu as obtenu des réponses importantes pour la suite de ton cheminement.

> Sois tu n'as pas eu de grandes révélations.

Dans tous les cas, les exercices qui vont suivre t'aideront à approfondir ce que tu as découvert, ou à faire taire un peu plus ton mental prédominant qui étouffe ton âme et qui t'empêche de l'entendre.

Nous l'avons vu, l'âme s'exprime surtout à travers l'intuition. Si tu écoutes ton intuition, alors les portes s'ouvriront. Bien sûr, je ne te demande pas de bannir ton mental car tu en as besoin pour vivre cette Vie terrestre. Tu essaieras juste de parvenir à un équilibre entre les deux.

Oui mais alors, « Comment faire la différence entre mental et intuition ? »

L'intuition est une pensée soudaine sans réflexion. Cela peut être une idée, un pressentiment, ou encore une prémonition. Elle se manifeste toujours tout à coup, de manière spontanée.

Les exercices

> Nous allons intégrer maintenant un nouvel exercice quotidien : **l'écriture intuitive**.

> Tu poseras un stylo et ton classeur près de toi ouvert à l'intercalaire « Écriture intuitive » pendant ta méditation.

> Fais ta méditation de pleine conscience.

> Tout de suite après avoir terminé ta méditation, écris sans réfléchir tout ce qui te vient en tête sur ta page. Dès que tu commences à réfléchir, arrête-toi d'écrire. Tu vas peut-être écrire un seul mot, peut-être deux, peut-être une phrase, peut-être une page. Ce qui est important c'est vraiment d'arrêter d'écrire dès que tu réfléchis. Ce que tu auras écrit seront des mots dictés par ton âme. C'est ce que l'on appelle de l'écriture intuitive.

> Note les impressions et sensations physiques et intérieures de ta méditation à l'intercalaire « Méditation ». Cela peut être des images, des pensées, des idées, l'impression d'être touché, des fourmillements, une chaleur, un goût, une odeur, etc.

S3/Jour 4

Développe ton intuition : l'instant présent

Tu l'as compris, pour être pleinement qui tu es vraiment, il va falloir écouter ton essence première, ton âme, celle que tu as délaissée depuis tant d'années mais qui est une partie très importante de toi-même, puisqu'avant d'être un corps, tu es une âme. Nous avons vu déjà que l'âme s'exprime à travers l'intuition. Elle sait ce qui est bon pour nous parce qu'elle a un recul suffisant pour voir notre chemin de Vie dans sa globalité. Elle sait pourquoi elle s'est incarnée et elle nous le dit. Si elle n'est pas entendue, elle va provoquer des situations difficiles dans nos vies. Écouter son intuition, ça s'apprend, de la même manière que tu as appris à utiliser ton esprit. Alors il faut s'exercer, pratiquer. Tu as déjà commencé grâce à tes méditations quotidiennes. Cette semaine, on ajoute une petite série d'exercices pour la stimuler encore un peu plus.

L'intuition semble se manifester dans l'instant présent et c'est d'ailleurs cet état que nous tentons de reproduire grâce à la méditation de pleine conscience. Être pleinement dans l'instant présent, c'est être concentré sur une seule tâche, ne pas penser au passé, ne pas penser au futur ; c'est être pleinement dans ce que tu fais. Si au départ on parle de concentration, ensuite ça deviendra tout naturel comme lorsque tu étais enfant.

Les exercices

Aujourd'hui, tu vas faire l'effort de réaliser une de tes tâches quotidiennes dans l'instant présent. Si tu prends une douche, ne pense pas à ta réunion de tout à l'heure, aux enfants à aller chercher, aux courses à faire, etc. Ressens uniquement ce qu'il se passe dans ta douche : l'eau qui coule, le bien-être qu'elle te procure, etc. Dès que tes pensées vagabondent, fais comme lors de tes méditations quotidiennes sauf qu'au lieu de te concentrer sur ta respiration ou un mantra, concentre-toi sur ta douche.
Même chose lors de tes repas. Prends le temps de bien mâcher chaque bouchée, ressens ce qu'il se passe, les aliments qui cheminent dans ta gorge, l'eau qui te rafraîchît, etc.
Si tu as des enfants, tu peux faire le même exercice, être 100 % avec eux sans checker ton portable par exemple.
D'ailleurs, aujourd'hui, tu désactiveras tes notifications des réseaux sociaux pour être pleinement présent. Il n'est pas interdit d'aller y jeter un coup d'œil et lorsque tu iras, aie également le même état de présence, soit concentré uniquement sur ceux-ci.
Depuis que j'ai supprimé mes notifications, je me sens beaucoup mieux, j'étais comme esclave de mon téléphone. Maintenant je choisis quand je décide de consacrer du temps aux réseaux. Un message peut bien attendre une journée, je ne suis pas obligée de répondre dans la minute. Vive la liberté !
Si tu conduis, concentre-toi sur ta conduite, regarde vraiment la route. Ne te mets pas en mode pilote automatique. Tu sais, comme lorsque tu conduis et que tu te rends compte que tu es déjà arrivé sans vraiment te rappeler de ce qu'il s'est passé comme si tu avais conduit sans t'en rendre compte.
Ce ne sont que des exemples, tu peux adapter cet exercice à une de tes propres tâches quotidiennes.

> Fais ta méditation de pleine conscience en gardant près de toi un stylo et ton classeur ouvert à l'intercalaire « Écriture intuitive ».

> Tout de suite après avoir terminé ta méditation, fais ton exercice d'écriture intuitive. Écris sans réfléchir sur ta page. Dès que tu commences à réfléchir, arrête-toi d'écrire. Tu vas peut-être écrire un seul mot, peut-être deux, peut-être une phrase, peut-être une page. Ce qui est important c'est vraiment d'arrêter d'écrire dès que tu réfléchis. Ce que tu auras écrit sera dicté par ton âme.

> Note les impressions et sensations physiques et intérieures de ta méditation à l'intercalaire « Méditation ». Cela peut-être des images, des pensées, des idées, l'impression d'être touché, des fourmillements, une chaleur, un goût, une odeur, etc.

S3/Jour 5

Développe ton intuition : les rêves

Il y a quelques années, j'ai fait la rencontre de Mireille Rosselet-Capt, une psychologue qui a écrit un livre « Rêves et intuition ». J'ai pu l'interviewer et tu trouveras son interview, très intéressante d'ailleurs sur ma chaîne YouTube « Sandrine HK ». J'ai nommé la vidéo : « À quoi servent les rêves? Rêves et intuition / ITW de Mireille Rosselet-Capt ». Dans l'interview, *elle explique que « le rêve organise notre expérience de la journée, il mémorise les éléments utiles et laisse tomber les éléments inutiles. Il sert donc entre autres à consolider les apprentissages. D'ailleurs un enfant rêve plus qu'un adulte.*
Quant aux cauchemars, ils sont des sortes d'obstacles intérieurs que l'on aurait intérêt à explorer. Les questions qu'ils posent sont : « Quelle est la partie ombreuse qui se dresse en moi ? Qu'est-ce qui se dresse devant moi à ce moment-ci ? Quels problèmes ? »
Le rêve se lit toujours à ta situation du moment et à chaque fois qu'il y a un rêve, il faut toujours se demander « Qu'est-ce que veut ce rêve ? Ou de quoi veut-il m'avertir ? »

Les psychologues parlent souvent de l'inconscient. Ce qu'ils appellent inconscient, je l'appelle âme. Il faut savoir que l'inconscient en saura toujours plus que nous il a un accès beaucoup plus vaste, c'est pourquoi il vaut mieux écouter ce qu'il dit. Son moyen de communication passe aussi par le rêve.
De toute façon, un inconscient (une âme) pas écouté reproduira encore et encore ses mêmes messages de plus en plus fort dans les rêves. C'est le cas notamment lorsque l'on fait toujours le même cauchemar. Il faut réfléchir à la question qu'il nous pose pour pouvoir avancer.
Ce qu'il y a de formidable avec l'inconscient c'est que par son biais, nous avons accès aussi à l'inconscient collectif, à la connaissance universelle. Tu te souviens lorsque je te parlais du point de vue plus large de ton âme, c'est aussi cela. Alors parfois, nous rêvons de quelque chose que nous ne comprenons pas avec notre esprit mais si nous faisons des recherches sur la symbolique des éléments du rêve, alors nous pourrons comprendre

ce que ce rêve veut nous indiquer. Je déconseille les raccourcis faciles et les croyances populaires sur certaines significations de rêve. Un rêve est personnel et il se peut qu'en fonction de notre propre expérience de vie, un rêve puisse avoir une signification tout aussi personnelle. C'est pourquoi il vaut mieux s'attarder sur la symbolique et/ou l'histoire des éléments du rêve.

Si tu ne te souviens pas de tes rêves c'est qu'ils ont bien fait leur travail de nettoyage. On peut toutefois demander à son inconscient (âme) de nous aider à garder un souvenir de nos rêves afin de nous orienter sur nos questionnements du moment.

Cela fait deux ans que j'ai découvert la maladie de mon fils. Ayant des facilités pour le magnétisme, j'ai décidé de l'aider par ce biais en complément des traitements médicaux. Étant donné les circonstances et même si je sais que tout cela n'est pas entre mes mains puisque l'âme de mon enfant tente d'exprimer quelque chose à travers cette maladie, j'ai baissé les bras et je me suis demandé si cela servait à quelque chose que je continue de le magnétiser.

J'ai alors demandé à mon âme (mon inconscient) avant de m'endormir si je devais continuer. Je l'ai demandé tout simplement comme je l'aurais fait pour demander un service à quelqu'un. Cette nuit-là j'ai rêvé que nous étions en vacances au bord de la mer. L'eau était transparente et nous pouvions voir d'énormes poissons totalement démesurés. (Les rêves aiment grossir les informations pour attirer notre attention). Mon fils s'est éloigné dans l'eau pour aller voir de plus près les poissons. Il a vite perdu pied et comme il ne sait pas nager, il a commencé à se noyer. Tout à coup, il flottait à la surface, inerte. Je l'ai attrapé et j'ai tenté de le réanimer sans y croire, je ne connaissais pas vraiment ces gestes-là. Il s'est mis soudainement à tousser, il était sauvé.

Dans ce rêve, j'ai eu la réponse à ma question : Continuer de le magnétiser pour l'aider.

Ce qui est « drôle », c'est que les tumeurs présentes jusqu'à présent dans son petit corps étaient localisées dans la cage thoracique et dans le rêve j'agissais avec mes mains sur cette partie. J'alternais également avec du bouche-à-bouche. Je soufflais donc et lorsque je magnétise, j'utilise aussi mon souffle. Il y a aussi le fait que je ne connaisse pas vraiment les gestes pour le réanimer, tout comme je ne connais pas vraiment l'impact qu'ont mes gestes lorsque je le magnétise. Mon rêve a répondu à la question que je lui ai posée de façon détournée.

Les exercices

- Dorénavant, tu garderas ton stylo et ton classeur ouvert à l'intercalaire « Rêves » sur ta table de chevet tous les soirs afin de noter tes rêves dès le réveil si tu t'en souviens. Parfois un rêve te réveillera la nuit, note-le tout de suite. Si ce n'est pas quelque chose de facile pour toi tu peux demander à ton âme avant le coucher de faire en sorte de garder un souvenir dans ta mémoire, tu peux même l'orienter comme je l'ai fait. Si tu ne t'en souviens toujours pas, persévère en demandant chaque soir à ton âme de te laisser des éléments de souvenir. Note absolument tout, même le détail le plus insignifiant, si rêve il y a.
- En premier lieu, écris ce que tu penses que cela signifie ou pourrait signifier en fonction de ton histoire personnelle. Auto-analyse ton rêve.
- Ensuite va chercher sur Internet les symboles associés à ce que tu as vu sans chercher la signification du rêve lui-même car, en fonction des personnes et de leur vécu, la signification est totalement différente, donc tu ne peux pas te contenter d'une signification bateau telle que : « Si tu rêves d'un fer-à-cheval, la chance te souriras ». Premièrement, tu trouveras tout un tas de significations sur tout un tas de sites différents qui se contrediront parfois. Deuxièmement, peut-être que le fer-à-cheval en fonction de ton histoire a une toute autre signification si tu as vécu dans une ferme avec des chevaux par exemple. Alors oui, il y a aussi une part de conscience collective dans les rêves et donc des symboliques récurrentes mais elles ne s'appliquent pas à 100 % des rêveurs.

Si c'est un animal, quel est son caractère ? Comment vit-il ? Regarde si certains symboles s'appliquent à ta propre histoire, à ce que tu as vécu ou ce que tu vis actuellement.

- Fais ta méditation de pleine conscience en gardant près de toi un stylo et ton classeur ouvert à l'intercalaire « Écriture intuitive ».
- Tout de suite après avoir terminé ta méditation, fais ton exercice d'écriture intuitive. Écris sans réfléchir sur ta page. Dès que tu commences à réfléchir, arrête-toi d'écrire. Tu vas peut-être écrire un seul mot, peut-être deux, peut-être une phrase, peut-être une page. Ce qui est important c'est vraiment d'arrêter d'écrire dès que tu réfléchis. Ce que tu auras écrit sera dicté par ton âme.
- Note les impressions et sensations physiques et intérieures de ta méditation à l'intercalaire « Méditation ». Cela peut être des images, des pensées, des idées, l'impression d'être touché, des fourmillements, une chaleur, un goût, une odeur, etc.
- Dès le matin choisis une tâche de ta vie quotidienne pour laquelle tu vas t'exercer à l'instant présent. Douche ? Repas ? Enfants ? Voiture ? Repassage ? Ménage ? Etc. Si tu te sens d'en faire plus d'une, bravo ! Fais-le ! (Voir exercice jour 4 de la semaine 3, p. 51.)

S3/Jour 6

Développe ton intuition : devine l'objet

Les exercices

À la fin du livre page 128, j'ai mis la photo d'un objet. Ne le regarde pas tout de suite ! Tu vas tenter de deviner quel est cet objet.

> Fais une méditation de pleine conscience.

> Tout de suite après, note à l'intercalaire « Notes » tout ce qu'il te passe par la tête à propos de l'objet. Par exemple sa couleur, sa forme, sa taille, quelle est son utilité, note tous les mots qui te viennent spontanément. Puis découvre l'objet. Ne te formalise pas si tu as trouvé peu de caractéristiques le concernant. Je te propose de t'exercer de nouveau plus tard. Sur ma chaîne YouTube « Sandrine HK » tu trouveras des vidéos avec d'autres objets à deviner. (L'exercice de l'enveloppe)

> Note les impressions et sensations physiques et intérieures de ta méditation à l'intercalaire « Méditation ». Cela peut être des images, des pensées, des idées, l'impression d'être touché, des fourmillements, une chaleur, un goût, une odeur, etc.

> Dès le matin, choisis une tâche de ta vie quotidienne pour laquelle tu vas t'exercer à l'instant présent. Douche ? Repas ? Enfants ? Voiture ? Repassage ? Ménage ?... Si tu te sens d'en faire plus d'une, bravo ! Fais-le ! (Voir exercice jour 4 de la semaine 3, p. 51.)

> N'oublie pas de poser ton classeur ouvert à l'intercalaire « Rêves » sur ta table de chevet pour y noter tes rêves quand ils sont encore frais. Si tu n'as pas l'habitude de te souvenir de tes rêves, demande à ton âme en te couchant qu'elle t'aide dans ce sens, comme nous l'avons vu dans un exercice précédent. Analyse ton ou tes rêves si tu en as comme vu « jour 5 semaine 3 ».

S3/Jour 7

Développe ton intuition : un inconnu

Tu vas tenter d'obtenir des informations par le biais de ton intuition sur quelqu'un en te concentrant sur son portrait. Dans nos contacts sur les réseaux sociaux, nous avons tous des personnes que nous connaissons peu. Demande à l'une d'entre elles si elle peut t'aider à travailler tes ressentis. Elle est d'accord ! Super ! Sinon cherche ailleurs une personne que tu connais peu. Cela peut être un membre de la famille d'un ami. Tu peux aussi aller sur un forum spécialisé par exemple, en expliquant que tu t'exerces à travailler tes ressentis et que tu as besoin d'un cobaye. Tu verras qu'il y aura forcément quelqu'un qui voudra « jouer le jeu ».

Les exercices

> Fais une méditation de pleine conscience.
> Ensuite regarde le portrait et écris à l'intercalaire « Notes » tout ce qui te passe par la tête à propos de cette personne. Note tous tes ressentis à propos d'elle. Des mots, des phrases, des images, etc. Ne réfléchis pas, écoute ton intuition comme pour l'écriture intuitive. Ensuite fais-lui part de tout ce que tu as ressenti et note toutes ses remarques.

Il y a des choses qui lui parlent, super !!!! D'autres moins, peut-être que cela lui parlera à l'avenir. Mais dis-toi que rien n'est bête. Tu pourras t'entraîner à cet exercice autant de fois que tu le désires avec différentes personnes. Plus tu t'exerceras, plus tu auras des informations fines.

> Note les impressions et sensations physiques et intérieures de ta méditation à l'intercalaire « Méditation ». Cela peut-être des images, des pensées, des idées, l'impression d'être touché, des fourmillements, une chaleur, un goût, une odeur, etc.
> Dès le matin choisis une tâche de ta vie quotidienne pour laquelle tu vas t'exercer à l'instant présent. Douche ? Repas ? Enfants ? Voiture ? Repassage ? Ménage ? Etc. Si tu te sens d'en faire plus d'une, bravo ! Fais-le ! (Voir exercice jour 4 de la semaine 3, p. 51.)
> N'oublie pas de poser ton classeur ouvert à l'intercalaire « Rêves » sur ta table de chevet pour y noter tes rêves quand ils sont encore frais. Si tu n'as pas l'habitude de te souvenir de tes rêves, demande à ton âme en te couchant qu'elle t'aide dans ce sens, comme nous l'avons vu dans un exercice précédent. Analyse ton ou tes rêves si tu en as comme vu « jour 5 semaine 3 ».

Semaine 4 • Le grand ménage

À travers ce programme, je t'invite entre autres à te délester de ce qui te tire vers le bas. Le vide interne que tu effectues va te permettre d'avancer de façon plus légère. De la même manière, je t'invite cette semaine à te délester de ce qui t'encombre autour de toi. Plus tu possèdes et moins tu es libre. Moins tu as d'objets et plus tu as de temps pour ce qui compte vraiment. Imagine le temps que tu perds à épousseter tous ces objets décoratifs par exemple. Imagine le temps que tu perds à nettoyer un hachoir électrique alors que tu peux hacher à la main. Tu perds de l'argent aussi à acheter cet objet inutile, tu perds de l'argent en électricité à l'utiliser et plus tu utilises d'électricité, plus tu pollues. Je parle de hachoir électrique, mais je pourrais très bien te parler de tout autre objet inutile que tu entreposes dans ta maison et dont tu n'as pas une réelle utilité. Pire encore, ceux que tu gardes en te disant « on ne sait jamais cela pourrait servir », ta maison est remplie de « on ne sait jamais », d'objets inutiles qui te font perdre du temps, de l'argent, de l'espace et parfois même qui polluent. Désencombrer, c'est un pas de plus vers ta liberté. Imagine le temps que tu vas gagner en tâches ménagères, temps que tu pourras utiliser pour les choses qui comptent vraiment, faire une activité qui te tient à cœur. J'ai connu cet homme qui avait tellement peur qu'on le cambriole qu'il ne partait jamais en vacances. Nous pensons que nous possédons des objets mais en réalité ce sont eux qui nous possèdent.

« La Vie c'est comme une montgolfière. Pour aller plus haut, il faut savoir se délester et jeter par-dessus bord tout ce qui empêche de nous élever. »

Raphaëlle Gordiano

L'ordinateur, le smartphone, la tablette

Les exercices

> Tu as 2 jours pour faire un tri dans ton ordinateur, ton smartphone, ta tablette tu vas supprimer tous les logiciels ou applications qui ne te servent plus. Classer les photos, les vidéos, les documents. Créer de nouveaux dossiers pour t'y retrouver. Peut-être même sauvegarder sur un disque dur externe les données les plus chères à ton cœur, cela évitera la crise de panique si un jour ton ordinateur plante. Et puis, cela m'est déjà arrivé plusieurs fois d'avoir la mémoire de mon appareil pleine alors que je voulais prendre une photo spontanée. J'ai aussi souvent eu des soucis de mémoire sur mon ordinateur alors que je montais des vidéos, je ne pouvais plus avancer sur mon travail. Tout ce « bazar » nous empêche d'avancer. D'ailleurs, lorsque je procrastine, je me refugie souvent dans des jeux sur mon smartphone.

N'hésite pas à faire le tri également dans tes contacts sur les réseaux sociaux. N'y a-t-il pas des publications que tu détestes voir chez certaines personnes ? Pollution visuelle, pollution mentale. Aller oust ! C'est le moment de retirer tous ces contacts qui te tirent vers le bas.

> Fais ta méditation de pleine conscience en gardant près de toi un stylo et ton classeur ouvert à l'intercalaire « Écriture intuitive ».

> Tout de suite après avoir terminé ta méditation, fais ton exercice d'écriture intuitive. Écris sans réfléchir sur ta page. Dès que tu commences à réfléchir, arrête-toi d'écrire. Tu vas peut-être écrire un seul mot, peut-être deux, peut-être une phrase, peut-être une page. Ce qui est important, c'est vraiment d'arrêter d'écrire dès que tu réfléchis. Ce que tu auras écrit sera dicté par ton âme.

> Note les impressions et sensations physiques et intérieures de ta méditation à l'intercalaire « Méditation ». Cela peut-être des images, des pensées, des idées, l'impression d'être touché, des fourmillements, une chaleur, un goût, une odeur, etc.

> N'oublie pas de poser ton classeur ouvert à l'intercalaire « Rêves » sur ta table de chevet pour y noter tes rêves quand ils sont encore frais. Si tu n'as pas l'habitude de te souvenir de tes rêves, demande à ton âme en te couchant qu'elle t'aide dans ce sens, comme nous l'avons vu dans un exercice précédent. Analyse ton ou tes rêves si tu en as comme vu « jour 5 semaine 3 ».

S4/Jour 3

Ton armoire

Les exercices

> Ton armoire regorge de vêtements, chaussures et accessoires qui ne te servent plus. Fais le tri !

> Ce que tu gardes sera rangé de la façon la plus ordonnée possible dans ton armoire.

> Ce que tu ne veux plus ira directement au container de collecte de vêtements ou à une association.

> Il y aura peut-être des vêtements que tu auras envie de donner ou de vendre. Pour cette dernière option, tu trouveras plein de sites marchands ou de vide-dressing pour pouvoir vendre tes plus belles pièces.

Qu'est-ce que je garde ?

Ce que tu portes le plus. S'il y a des pièces que tu ne mets plus mais dont tu as du mal à te débarrasser car elles entrent dans la case « on ne sait jamais » (si je grossis, si je maigris, si ça revient à la mode, etc.) Mets le cintre de ces pièces à l'envers et si d'ici un an le cintre est toujours dans la même position, c'est qu'il faut te résigner à t'en débarrasser, ces pièces te retiennent vers le passé, et toi tu veux maintenant aller de l'avant.

> Fais ta méditation de pleine conscience en gardant près de toi un stylo et ton classeur ouvert à l'intercalaire « Écriture intuitive ».

> Tout de suite après avoir terminé ta méditation, fais ton exercice d'écriture intuitive. Écris sans réfléchir sur ta page. Dès que tu commences à réfléchir, arrête-toi d'écrire. Tu vas peut-être écrire un seul mot, peut-être deux, peut-être une phrase, peut-être une page. Ce qui est important c'est vraiment d'arrêter d'écrire dès que tu réfléchis. Ce que tu auras écrit sera dicté par ton âme.

> Note les impressions et sensations physiques et intérieures de ta méditation à l'intercalaire « Méditation ». Cela peut-être des images, des pensées, des idées, l'impression d'être touché, des fourmillements, une chaleur, un goût, une odeur, etc.

> N'oublie pas de poser ton classeur ouvert à l'intercalaire « Rêves » sur ta table de chevet pour y noter tes rêves quand ils sont encore frais. Si tu n'as pas l'habitude de te souvenir de tes rêves, demande à ton âme en te couchant qu'elle t'aide dans ce sens, comme nous l'avons vu dans un exercice précédent. Analyse ton ou tes rêves si tu en as comme vu « jour 5 semaine 3 ».

S4/
Jours 4, 5, 6, 7

Ton lieu d'habitation

Les exercices

> Tu l'as compris, tu fais la même chose avec chaque pièce de ton habitation. Tu peux jeter (dans ce cas regarde ce qui est le plus adapté en termes de recyclage, ne jette pas n'importe où), ranger, arranger, classer, organiser, donner, vendre.

Fais une pièce à la fois. Si tu as une grande maison et que tu penses ne pas pouvoir finir cette semaine, je te conseille de commencer par les pièces les plus importantes, celles dans lesquelles tu es le plus. Tu pourras continuer les semaines qui suivent sur la même lancée.

> Fais ta méditation de pleine conscience en gardant près de toi un stylo et ton classeur ouvert à l'intercalaire « Écriture intuitive ».

> Tout de suite après avoir terminé ta méditation, fais ton exercice d'écriture intuitive. Écris sans réfléchir sur ta page. Dès que tu commences à réfléchir, arrête-toi d'écrire. Tu vas peut-être écrire un seul mot, peut-être deux, peut-être une phrase, peut-être une page. Ce qui est important, c'est vraiment d'arrêter d'écrire dès que tu réfléchis. Ce que tu auras écrit sera dicté par ton âme.

> Note les impressions et sensations physiques et intérieures de ta méditation à l'intercalaire « Méditation ». Cela peut être des images, des pensées, des idées, l'impression d'être touché, des fourmillements, une chaleur, un goût, une odeur, etc.

> N'oublie pas de poser ton classeur ouvert à l'intercalaire « Rêves » sur ta table de chevet pour y noter tes rêves quand ils sont encore frais. Si tu n'as pas l'habitude de te souvenir de tes rêves, demande à ton âme en te couchant qu'elle t'aide dans ce sens, comme nous l'avons vu dans un exercice précédent. Analyse ton ou tes rêves si tu en as comme vu « jour 5 semaine 3 ».

Semaine 5 • Ton corps

Après avoir vu l'âme, il faut aussi te préoccuper de ton corps. C'est ton outil d'incarnation. C'est grâce à lui que tu peux vivre tes expériences humaines. Il convient donc d'en prendre soin.

Nous l'avons vu, tu peux aussi créer des déséquilibres et des maladies par rapport à la manière dont tu t'en occupes. Ton corps est comme une machine et si tu ne l'entretiens pas ou si tu ne lui donnes pas ce qu'il lui faut, ou encore si tu le sollicites de trop, tu risques de te blesser, ou de créer des pathologies. Imagine que tu fasses le plein d'essence dans un véhicule diesel prévu pour recevoir du gasoil, tu abîmeras le moteur. Pour ton corps, c'est pareil.

La semaine qui va suivre va te permettre de lui accorder toute l'importance qu'il mérite, et apprendre à lui donner ce qui lui convient.

Si tu te sens bien dans ton corps et dans ta tête, tu pourras te surpasser et devenir plus performant dans tous les domaines de ta Vie. Le sais-tu ? Grâce à ton intuition, tu peux aussi savoir ce qui est bon pour toi et pour ton corps. Parfois tu le sais déjà et tu te dis « Il faudrait que j'arrête telle ou telle habitude ou que je commence quelque chose » mais tu ne le fais pas. Parfois tu ne le sais pas, car, par exemple dans ta famille on a toujours fait comme tu fais ou bien tu es influencé par ce que tu vois dans les médias. Bien qu'il y ait de bons conseils, il y en a aussi qui ne te sont pas adaptés car chaque personne est différente et ce qui est bon pour un, n'est pas forcément bon pour un autre.

Exemple : Ma belle-fille est allergique aux cacahuètes, elles ne sont pas bonnes pour elle. Pourtant, elles sont une excellente source de protéines végétales pour moi qui suit végétarienne.

Et puis il y a ce qui crée des dégâts dont nous n'avons pas conscience tout de suite ou qui ne nous inquiète pas forcément étant donné que nous ne voyons pas sur le moment présent leurs méfaits. Ce sont des habitudes qui à la longue ne font pas du bien à notre corps ou qui ne nous permettent pas d'être à l'aise avec celui–ci.

Tu n'es pas obligé d'opérer de gros changements, tu peux y aller en douceur sans oublier de demander conseil à ton médecin en ce qui concerne ton corps et ta santé.

« Un esprit sain dans un corps sain. »
Juvénal

S5/Jour 1

Le miroir

Les exercices

> Sur une nouvelle page à l'intercalaire « Corps » tu vas faire deux colonnes. Colonne n°1 « ce que j'aime physiquement chez moi », colonne n°2 « ce que je n'aime pas ». Tu les rempliras ensuite de mots, de phrases correspondant à ton aspect physique. Aide-toi d'un miroir. Prends tout le temps dont tu as besoin.

Aujourd'hui, nous allons nous concentrer sur ce que tu n'aimes pas.

Peut-être n'aimes-tu pas tes kilos en trop ou tes kilos en moins.

Peut-être n'aimes-tu pas ta cellulite ou ton corps que tu trouves trop mou.

Peut-être n'aimes-tu pas ta coupe de cheveux ou ton style vestimentaire.

Peut-être n'aimes-tu pas ta dentition ou encore ta peau.

Etc.

> Écris ensuite sur une nouvelle page à l'intercalaire « Corps » quels changements il est possible de faire par toi-même en fonction de tes moyens. Exemple : du sport, un rendez-vous chez un spécialiste, etc.

Si tu ne fais pas déjà du sport, ton changement numéro 1 doit être celui-ci.

Ne me dis pas que tu n'es pas sportif. Je ne te parle pas de gagner les Jeux Olympiques ici.

Ok tu n'aimes peut-être pas le sport ! C'est ce que disait ma meilleure amie depuis des années jusqu'à quelques mois en arrière. Aujourd'hui, elle a couru son premier semi-marathon jusqu'au bout.

Lorsque nous étions adolescentes, je l'avais emmenée une fois avec moi faire un jogging, au bout de quelques mètres elle avait abandonné, essoufflée. Elle m'avait dit que ce n'était pas pour elle et ne pensait pas recommencer l'expérience un jour.

Quelques dizaines d'années plus tard, elle court régulièrement et elle adore ça ! Cela n'a pas été facile au début car elle ne savait pas courir. Elle a d'abord commencé par courir de toutes petites distances. Ensuite, elle s'est rendu compte qu'elle commençait trop vite alors elle a réduit sa vitesse, elle a trouvé un rythme dans lequel elle s'essoufflait moins et ça devenait moins difficile. Bien sûr, il y avait encore de la difficulté, mais elle se dépassait chaque fois un peu plus. Crois-moi ça n'était pas gagné au début, et j'ai été vraiment surprise de ses résultats la connaissant. Si elle l'a fait tu peux le faire aussi !

Pour bien te préparer au sport dans lequel tu as décidé de te lancer, renseigne-toi sur les bonnes pratiques à adopter ou inscris-toi dans un club. Si tu hésites sur le sport que tu aimerais faire, renseigne-toi sur Internet par exemple au sujet du sport qui te serait le plus adapté et dans lequel tu t'épanouirais le plus. **N'oublie pas de demander conseil à ton médecin avant de te lancer dans quelque chose qui pourrait être nocif pour ta santé.**

Tu n'aimes pas le sport parce que tu ne sais pas faire du sport. Avec une pratique régulière, tout le monde aime le sport car il fait vraiment du bien au corps, en plus il procure la fameuse molécule du bonheur, l'endorphine. Il te permet d'évacuer certaines énergies néfastes que tu gardes à l'intérieur, et en bonus, c'est aussi une forme de méditation car il te permet d'être dans l'instant présent. Oui, lorsque tu commences le sport et que tu vas au-delà de la difficulté du début, tu te sens mieux dans ton corps, dans ta tête et ton âme en raffole. De plus, il est scientifiquement prouvé qu'une activité physique améliore la santé.

Quel que soit celui que tu choisiras, avec toutes nos ressources actuelles il est pratiquement impossible de mal faire, tu peux facilement trouver des infos sur Internet par exemple qui te permettront de débuter en toute sécurité et sans te dégoûter. Si tu choisis un club, tu seras encadré par des professionnels ou des passionnés. **Dans tous les cas, demande toujours l'avis de ton médecin si tu as des doutes sur la compatibilité du sport que tu auras choisis avec ton état de santé.**

Il existe tellement de sports qu'il est quasiment impossible que tu n'en trouves pas un qui te corresponde. Et même si tu as un handicap, il y aura certainement un sport adapté, renseigne-toi sur le handisport.

Ah oui mais le sport ça coûte cher ! Tu n'es pas forcé de t'inscrire dans un club, tu peux pratiquer seul ou avec des amis. Si tu n'es pas motivé, trouver un ou plusieurs « copains de sport » pour pratiquer peut réellement t'aider à tenir tes objectifs.

Il y a aussi des cours gratuits sur Internet ou à la télé, je pense notamment à Gym Direct sur la chaîne de télévision « C8 ». Tu peux regarder les émissions en replay. J'ai vu récemment que la chaîne rediffusait les cours sur YouTube également. Cette émission te propose des exercices de fitness, de yoga, de Pilates, de boxe, de danse, etc.

Personnellement, en ce moment, j'alterne renforcement musculaire grâce au programme de Sonia Tlev « le Top Body Challenge » (Programme qui m'a d'ailleurs inspiré à créer le Be Yourself Challenge et à lui donner ce nom.) avec différents exercices de cardio en fonction de mon humeur et de la saison. Ainsi l'hiver, je vais faire du HIIT gratuitement accompagnée par la chaîne YouTube « Move Your Fit » (Alex et Jessica sont vraiment de super coachs, je les adore) et j'alterne avec des exercices proposés par l'émission « Gym direct » dont je t'ai parlé plus haut. Et lorsqu'il fait plus chaud, je cours, je fais du roller, de la natation etc.

Demande conseil à ton médecin avant de te lancer dans quelque chose. Ton état de santé ne te permet peut-être pas d'aller vers la pratique que tu convoites.

Ah oui mais tu manques de temps ! Si tu as du temps pour les réseaux sociaux ou pour regarder la télé, tu as du temps pour faire du sport ! Tu es la personne la plus importante de ta Vie, c'est toi ta priorité ! Si tu ne fais pas déjà du sport, je t'invite vraiment à commencer une activité physique régulière, c'est un énorme pas de plus vers ton bien-être.

Par contre, il ne faut pas que le sport devienne une obsession, tout ce qui est fait dans l'excès n'est pas bon. Tout est bon dans l'équilibre. Dans tous les cas, l'exercice physique contribue à une meilleure santé.

Je le répète, peut-être que le sport est quelque chose que tu pratiques déjà régulièrement (et quand je dis régulièrement je veux dire plusieurs fois par semaine, au moins deux fois), dans ce cas cela ne te concerne pas et tes engagements seront différents selon ce que tu as noté tout à l'heure au sujet de ce que tu peux changer.

Si ce n'est pas le cas, ton engagement numéro 1 doit être une activité sportive. Si ton état ne te permet vraiment pas de faire du sport, choisis une autre action à propos de ton corps.

> Alors sur quelle(s) chose(s) pouvant être changée(s) au sujet de ton corps t'engages-tu aujourd'hui ? Commence maintenant une ou plusieurs actions vers ces engagements !

Attention ! Ne sois pas trop ambitieux, ne te mets pas trop d'objectifs, cela risquerait de te décourager.

Si c'est du sport, trouve celui qui te correspond le plus en fonction de ton mode de Vie, de ta santé et de ce que tu préfères. Si c'est autre chose, cela sera peut-être un rendez-vous chez un spécialiste. Quand je parle de spécialiste, je ne veux pas parler de chirurgien esthétique. Nous apprendrons à accepter et apprécier ce que nous ne pouvons pas vraiment changer.

> Écris tes engagements à la suite de ce que tu as déjà écrit en début d'exercice.

Par exemple :

« Je vais aller courir deux fois par semaine » ou bien « je vais alterner zumba et yoga grâce aux vidéos disponibles en replay à la télévision ou sur Internet » ou encore « Je vais commencer un programme de fitness. » Ou bien : « Je vais m'inscrire dans un club de sport. » Ou peut-être : « Je vais prendre un rendez-vous chez mon dermatologue pour ma peau. »

Commence-le maintenant !

> Toute la semaine, tu vas noter sur une nouvelle page à l'intercalaire « Corps » tout ce que tu as mangé et bu. Tu vas noter aussi ta consommation de cigarette si tu es fumeur.

D'après toi et selon tes connaissances tu mettras des croix à côté de ce qui te semble mauvais pour ton corps.

> Fais ta méditation de pleine conscience en gardant près de toi un stylo et ton classeur ouvert à l'intercalaire « Écriture intuitive ». Cette semaine, nous allons intégrer une nouvelle notion à cet exercice. Tu vas orienter ta méditation sur le corps en demandant à ton âme juste avant de méditer de te donner des informations en écriture intuitive au sujet de ton corps. Si tu n'as pas d'informations le concernant, ce n'est pas grave. Si tu en as, reporte les informations à ce sujet à l'intercalaire « Corps ».

> Tout de suite après avoir terminé ta méditation, fais ton exercice d'écriture intuitive. Écris sans réfléchir sur ta page. Dès que tu commences à réfléchir, arrête-toi d'écrire. Tu vas peut-être écrire un seul mot, peut-être deux, peut-être une phrase, peut-être une page. Ce qui est important c'est vraiment d'arrêter d'écrire dès que tu réfléchis. Ce que tu auras écrit sera dicté par ton âme.

> Note tes autres impressions et sensations physiques et intérieures de ta méditation à l'intercalaire « Méditation ». Cela peut-être des images, des pensées, des idées, l'impression d'être touché, des fourmillements, une chaleur, un goût, une odeur etc.

> N'oublie pas de poser ton classeur ouvert à l'intercalaire « Rêves » sur ta table de chevet pour y noter tes rêves quand ils sont encore frais. Si tu n'as pas l'habitude de te souvenir de tes rêves, demande à ton âme en te couchant qu'elle t'aide dans ce sens, comme nous l'avons vu dans un exercice précédent. Analyse ton ou tes rêves si tu en as comme vu « jour 5 semaine 3 ».

S5/Jour 2

Comprendre mes complexes

Pour commencer, j'aimerais te parler de quelque chose que tu sais peut–être mais dont tu n'as pas vraiment conscience. Ce que tu vois dans les médias n'est pas forcément le reflet de la réalité. (Les couvertures de magazines sont retouchées, les corps que tu vois ne sont pas réels.)

Il y a quelques décennies en arrière les critères sociétaux de beauté n'étaient pas les mêmes. Ainsi une Marylin Monroe avec plus de rondeurs que les critères actuels était la référence en termes de beauté et de corps parfait ce qui n'est plus le cas aujourd'hui. Mais je sens que c'est en train de changer. D'ailleurs, nos propres critères de beauté chez un partenaire éventuel ne sont pas forcément les mêmes que dans les médias.

Par exemple, je n'aime pas les hommes trop musclés ce qui est une tendance actuelle et pourtant, j'ai passé mon temps à vouloir des abdos bien dessinés pour « plaire » en fonction des critères magazine.

Derrière tout cela, il y a juste l'envie d'être aimé. Je pense que lorsque l'on commence à s'aimer soi-même, on ne cherche plus cet amour chez les autres et nos relations sont plus harmonieuses. Nous ne cherchons plus à plaire aux autres pour obtenir quelque chose en retour. Ce programme t'aidera également à faire ce pas vers toi.

Nous pensons que nous serions mieux comme ceci ou comme cela parce que la société nous dicte que c'est ce qu'il y a de mieux. Mais tu vois bien que c'est faux par rapport à tes critères personnels chez l'autre. Ne sois pas victime de modes éphémères, apprends à t'accepter comme tu es. Si toi, tu aimes bien les hommes avec des rondeurs par exemple, il est certain que des hommes qui pourraient te plaire aiment aussi les femmes avec des rondeurs. Tous les goûts sont dans la nature et la nature est assez vaste pour ne pas se restreindre à ce que l'on voit dans les médias. L'important n'est pas comment je suis mais plutôt comment je me sens. D'ailleurs je t'invite à regarder le film « I Feel pretty » qui montre que ce qui nous rend sexy n'est pas notre physique mais notre état d'esprit et notre attitude.

Les exercices

> Note à l'intercalaire « Corps », les hommes et les femmes que tu trouves beaux/belles et qui n'ont rien à voir avec les critères de beauté des magazines actuels. Cela peut être des célébrités ou des personnes de ton entourage.

Aujourd'hui, mettons le doigt sur tes complexes. Les complexes nous gâchent la vie, nous nous focalisons bien trop souvent sur eux et ils nous empêchent d'être totalement à l'aise. Bien souvent, nous sommes les seuls à les voir. Les complexes viennent bien de quelque part, pourquoi une personne avec les hanches larges n'en fera pas un complexe et une autre oui ?

Peut-être as-tu subi des moqueries de la part de tes camarades d'école, peut-être qu'une particularité physique te rappelle un parent avec qui tu es en froid, peut-être as-tu vécu un traumatisme personnel lié à ce complexe, etc.

> Note à l'intercalaire « Corps », l'origine de tes complexes, ou une idée de ses origines. Si tu ne les connais pas, oriente ton écriture intuitive du jour après ta méditation quotidienne de pleine conscience sur la recherche de l'origine du complexe. Identifier la cause de ce genre de blocage est un premier pas vers l'acceptation.

> Juste avant ta méditation de pleine conscience, tu demanderas à ton âme le pourquoi d'un complexe, même si tu penses le connaître, tu peux être surpris par des éléments nouveaux dont tu ne te doutais pas de l'existence. Peut-être auras-tu l'information pendant ta méditation ou juste après pendant ton écriture intuitive, tu noteras la ou les réponses s'il y en a, à l'intercalaire « Corps ».

> Note les autres impressions et sensations physiques et intérieures de ta méditation à l'intercalaire « Méditation ». Cela peut être des images, des pensées, des idées, l'impression d'être touché, des fourmillements, une chaleur, un goût, une odeur…

> N'oublie pas de poser ton classeur ouvert à l'intercalaire « Rêves » sur ta table de chevet pour y noter tes rêves quand ils sont encore frais. Si tu n'as pas l'habitude de te souvenir de tes rêves, demande à ton âme en te couchant qu'elle t'aide dans ce sens, comme nous l'avons vu dans un exercice précédent. Analyse ton ou tes rêves si tu en as comme vu « jour 5 semaine 3 ».

> N'oublie pas de noter tes consommations du jour en mettant des croix à côté de ce qui te semble mauvais pour ton corps.

S5/Jour 3

Ce que je ne peux pas changer

Ton ou tes complexes sont peut-être liés à quelque chose que tu ne peux pas changer. Peut-être as-tu une ossature qui ne te plaît pas, peut-être te trouves-tu trop grand ou trop petit. Peut-être as-tu des vergetures, des cicatrices, des rides, etc. Tu penses qu'un petit coup de bistouri t'aiderait vraiment à effacer les signes de vie et/ou du temps. Pourtant ces signes font partie intégrante de toi.

Tu as déjà vu ces célébrités qui voulant garder une éternelle jeunesse devenaient des monstres, à cause du bistouri à outrance. Elles ne sont jamais satisfaites. Le souci c'est le manque d'amour qu'elles ont pour elles-mêmes et le bistouri n'y pourra rien changer.

Je ne dis pas que la chirurgie esthétique est une mauvaise chose, parfois elle aide vraiment à reprendre confiance après un accident de la Vie, elle peut aider aussi à être en meilleure santé. Je dis simplement qu'il ne faut pas lutter contre sa propre nature. Et puis il y a ces hommes et ces femmes qui, cheveux grisonnants et pattes d'oie, sont beaucoup plus beaux qu'à 20 ans.

Personnellement, mes vergetures me rappellent la joie et le bonheur de l'après-accouchement. Ces rides sont autant d'épreuves que j'ai su surmonter et qui m'ont fait grandir. Certaines sont les marques de mes fous rires. Je ne suis pas vieille non, j'ai vécu. Dans certaines cultures, ces traces sont vénérées, plus tu es ridé et plus tu es respecté pour ta sagesse. Oui, la sagesse s'acquiert avec l'expérience et l'expérience avec les années. Mais notre culture, les médias qui accordent plus d'importance à l'apparence qu'à l'être ne nous aident pas à les accepter, bien au contraire. Pourquoi se comparer à un mannequin qui a tout juste 16 ans et qui est retouché ? Cela n'a pas de sens. Se comparer tout court n'a pas de sens. Nous sommes des êtres uniques, cette unicité est notre force.

Les exercices

> Si tu as des marques sur ton corps qu'il t'est difficile d'effacer écris-les à l'intercalaire « Corps ».
> Écris ensuite quelles sont leur histoire et ce que ces histoires t'ont apporté de façon positive.

Je vais prendre l'exemple d'une grande cicatrice que j'ai sur le coude : lorsque j'avais 16 ans, j'ai voulu conduire la mobylette d'un ami, il faisait nuit. C'était la première fois pour moi, j'allais très vite et je n'ai pas vu ce nid de poule sur la route. J'ai alors perdu le contrôle du véhicule et je suis tombée. Le coude a tapé contre le trottoir et il a fallu m'opérer pour mettre une broche. Cette expérience m'a appris quelque chose de positif : la prudence ! Bien sûr, elle a laissé une belle trace mais je pense qu'avec cette nouvelle qualité, j'ai évité plusieurs expériences ensuite qui auraient pu être plus dramatiques.
Oui, il y a toujours quelque chose de positif qui en sort même si ça a été une épreuve difficile. Cherche bien !

> Si tu te trouves trop comme ceci ou pas assez comme cela et que c'est une particularité que tu ne peux pas changer, écris-la à l'intercalaire « Corps ». Écris ensuite quelles sont leur histoire et ce que ces histoires t'ont apporté de façon positive. Cherche bien !

Par exemple, si tu te trouves trop grand mais que tu te rends compte que cette grande taille est un atout dans certains aspects de ta Vie, écris tout ce qui est positif par rapport à ta particularité.

> Fais ta méditation de pleine conscience en gardant près de toi un stylo et ton classeur ouvert à l'intercalaire « Écriture intuitive ». Tu vas orienter ta méditation sur le corps en demandant à ton âme juste avant de méditer de te donner des informations en écriture intuitive au sujet de ton corps. Si tu n'as pas d'information le concernant, ce n'est pas grave. Si tu en as, reporte les informations à ce sujet à l'intercalaire « Corps ».
> Tout de suite après avoir terminé ta méditation, fais ton exercice d'écriture intuitive. Écris sans réfléchir sur ta page. Dès que tu commences à réfléchir, arrête-toi d'écrire. Tu vas peut-être écrire un seul mot, peut-être deux, peut-être une phrase, peut-être une page. Ce qui est important c'est vraiment d'arrêter d'écrire dès que tu réfléchis. Ce que tu auras écrit sera dicté par ton âme.
> Note tes autres impressions et sensations physiques et intérieures de ta méditation à l'intercalaire « Méditation ». Cela peut être des images, des pensées, des idées, l'impression d'être touché, des fourmillements, une chaleur, un goût, une odeur etc.
> N'oublie pas de poser ton classeur ouvert à l'intercalaire « Rêves » sur ta table de chevet pour y noter tes rêves quand ils sont encore frais. Si tu n'as pas l'habitude de te souvenir de tes rêves, demande à ton âme en te couchant qu'elle t'aide dans ce sens, comme nous l'avons vu dans un exercice précédent. Analyse ton ou tes rêves si tu en as comme vu « jour 5 semaine 3 ».
> N'oublie pas de noter tes consommations du jour en mettant des croix à côté de ce qui te semble mauvais pour ton corps.

S5/Jour 4

Ce que j'aime chez moi

Tu te souviens, en début de semaine, tu as dressé une liste de ce que tu aimais chez toi et de ce que tu n'aimais pas. Pour le moment nous nous sommes attardés sur ce que tu n'aimais pas. Maintenant, nous allons nous pencher sur ce que tu aimes.

Les exercices

> Reprends la liste de ce que tu aimes chez toi. Lis ce que tu as écrit à voix haute. Maintenant, regarde tes parties favorites dans un miroir et dis-leur, toujours à voix haute, que tu les aimes. Admire-les. En te focalisant sur le positif, tu oublieras ce que tu penses être du négatif.

> Fais ta méditation de pleine conscience en gardant près de toi un stylo et ton classeur ouvert à l'intercalaire « Écriture intuitive ». Tu vas orienter ta méditation sur le corps en demandant à ton âme juste avant de méditer de te donner des informations en écriture intuitive au sujet de ton corps. Si tu n'as pas d'informations le concernant, ce n'est pas grave. Si tu en as, reporte les informations à ce sujet à l'intercalaire « Corps ».

> Tout de suite après avoir terminé ta méditation, fais ton exercice d'écriture intuitive. Écris sans réfléchir sur ta page. Dès que tu commences à réfléchir, arrête-toi d'écrire. Tu vas peut-être écrire un seul mot, peut-être deux, peut-être une phrase, peut-être une page. Ce qui est important, c'est vraiment d'arrêter d'écrire dès que tu réfléchis. Ce que tu auras écrit sera dicté par ton âme.

> Note tes autres impressions et sensations physiques et intérieures de ta méditation à l'intercalaire « Méditation ». Cela peut être des images, des pensées, des idées, l'impression d'être touché, des fourmillements, une chaleur, un goût, une odeur…

> N'oublie pas de poser ton classeur ouvert à l'intercalaire « Rêves » sur ta table de chevet pour y noter tes rêves quand ils sont encore frais. Si tu n'as pas l'habitude de te souvenir de tes rêves, demande à ton âme en te couchant qu'elle t'aide dans ce sens, comme nous l'avons vu dans un exercice précédent. Analyse ton ou tes rêves si tu en as comme vu « jour 5 semaine 3 ».

> N'oublie pas de noter tes consommations du jour en mettant des croix à côté de ce qui te semble mauvais pour ton corps.

S5/Jour 5

Je suis beau

Tout a un sens et si tu ne peux pas changer une de tes particularités physiques c'est parfait ainsi ! La nature est bien faite et te donne ce dont tu as besoin même si mentalement tu n'en as pas l'impression. Nous l'avons vu dans les exercices précédents, ton aspect physique a lui aussi un rôle à jouer dans ta Vie. Tout est parfait ! Tu es parfait pour vivre ce que ton âme a choisi de vivre pour grandir et évoluer.

J'aimerais te parler de Lizzie Velasquez qui, un jour en surfant sur internet trouve une vidéo d'elle avec le titre : « La femme la plus laide du monde » vidéo vue par des millions d'internautes. Dans les commentaires, certains lui suggéraient de se suicider. Lizzie souffre d'une maladie rare qui implique un physique atypique. Toute sa Vie, elle a été moquée, montrée du doigt pour sa différence. Sa découverte sur internet a été terrible pour elle, mais elle a décidé d'en faire une force. Elle a créé une campagne contre la persécution des gens « différents ». En 2013, elle a été invitée à parler de son histoire au festival TEDX. Son intervention pendant laquelle elle fait preuve de beaucoup d'humour a aidé un bon nombre de personnes. Son physique atypique était nécessaire pour vivre cette « mission » de la Vie.

Et puis, il y a eu cette jeune fille en colonie de vacances dont tous les garçons étaient amoureux. Ce qu'elle avait de plus que moi ? Elle se trouvait belle.

Un jour elle m'a dit cette phrase : « Si tu te dis que tu es belle et que tu finis par le penser vraiment, alors tu seras belle ! »

Il s'agit juste d'un peu de confiance en soi. Tu véhicules la beauté par ton attitude et non par tes particularités physiques.

Je pense que les mantras aident bien à l'assimilation d'une idée, d'un concept. Ainsi si tu te répètes tous les jours comme un mantra devant ton miroir (même inconsciemment) « Je suis moche », alors tu le seras ! Ce que tu te répètes sans cesse s'imprègne et fais de toi ce que tu es.

Inversons cette croyance « Je suis moche » ou autre croyance du genre.

À ce stade du challenge, peut-être que tu as commencé à t'accepter tel que tu es physiquement. Peut-être que maintenant tu t'en moques ou que ça a toujours été le cas. Tu as bien raison puisque :

« Plus tu t'en moques, plus tu es heureux... »

Les exercices

- Tu vas écrire sur un bout de papier, ou un post-it « je suis beau » ou « belle » si tu es une fille. Tu vas ensuite le coller sur ton miroir. Tous les matins, lorsque tu te prépareras, tu répéteras cette phrase comme un mantra plusieurs fois. En le faisant tous les matins, tu vas voir d'ici quelque temps les gens vont te dire « Tu as fait quelque chose ? Je te trouve resplendissant ! » Petit à petit, tu vas même finir par apprécier ces particularités physiques que tu n'aimais pas.
- Fais ta méditation de pleine conscience en gardant près de toi un stylo et ton classeur ouvert à l'intercalaire « Écriture intuitive ». Tu vas orienter ta méditation sur le corps en demandant à ton âme juste avant de méditer de te donner des informations en écriture intuitive au sujet de ton corps. Si tu n'as pas d'informations le concernant, ce n'est pas grave. Si tu en as, reporte les informations à ce sujet à l'intercalaire « Corps ».
- Tout de suite après avoir terminé ta méditation, fais ton exercice d'écriture intuitive. Écris sans réfléchir sur ta page. Dès que tu commences à réfléchir, arrête-toi d'écrire. Tu vas peut-être écrire un seul mot, peut-être deux, peut-être une phrase, peut-être une page. Ce qui est important c'est vraiment d'arrêter d'écrire dès que tu réfléchis. Ce que tu auras écrit sera dicté par ton âme.
- Note tes autres impressions et sensations physiques et intérieures de ta méditation à l'intercalaire « Méditation ». Cela peut être des images, des pensées, des idées, l'impression d'être touché, des fourmillements, une chaleur, un goût, une odeur...
- N'oublie pas de poser ton classeur ouvert à l'intercalaire « Rêves » sur ta table de chevet pour y noter tes rêves quand ils sont encore frais. Si tu n'as pas l'habitude de te souvenir de tes rêves, demande à ton âme en te couchant qu'elle t'aide dans ce sens, comme nous l'avons vu dans un exercice précédent. Analyse ton ou tes rêves si tu en as comme vu « jour 5 semaine 3 ».
- N'oublie pas de noter tes consommations du jour en mettant des croix à côté de ce qui te semble mauvais pour ton corps.

Je suis vraiment beau

Les exercices

> Demande à tes proches ce qu'ils trouvent joli chez toi et note-le à l'intercalaire « Corps ».

> **Si tu le peux, écoute la méditation guidée n°10 : « Je suis beau ».** (Lien : www.be-yourself-challenge.com/je-suis-beau.php). Sinon fais ta méditation de pleine conscience.

> Note tes impressions et sensations physiques et intérieures de ta méditation à l'intercalaire « Méditation ». Cela peut être des images, des pensées, des idées, l'impression d'être touché, des fourmillements, une chaleur, un goût, une odeur, etc.

> N'oublie pas de poser ton classeur ouvert à l'intercalaire « Rêves » sur ta table de chevet pour y noter tes rêves quand ils sont encore frais. Si tu n'as pas l'habitude de te souvenir de tes rêves, demande à ton âme en te couchant qu'elle t'aide dans ce sens, comme nous l'avons vu dans un exercice précédent. Analyse ton ou tes rêves si tu en as, comme vu « jour 5 semaine 3 ».

> N'oublie pas de noter tes consommations du jour en mettant des croix à côté de ce qui te semble mauvais pour ton corps.

S5/Jour 7

Bilan

Depuis le début de la semaine, tu as noté les consommations que tu sais (par connaissance ou intuitivement) ne pas être bonnes pour ton corps.

Les exercices

> Je te propose de reprendre la page de tes consommations. Quels sont les aliments qui ont obtenu une croix ? Penses-tu qu'il faille arrêter de les consommer ?

Si tu as un doute concernant le fait qu'arrêter ces consommations pourrait nuire à ta santé consulte ton médecin et réfère-toi à son avis. Pour le tabac, je suis sûre qu'il n'émettra pas d'objections. Par contre, pour certains aliments renseigne-toi sur les carences qui pourraient ne pas être bonnes pour ta santé. Si tu n'as pas de solution de substitution, je te conseille de ne pas les bannir. **Dans tous les cas, si tu as un doute demande l'avis de ton médecin ou d'un spécialiste.**

S'il y a des produits dont il est encore difficile de te défaire, ne culpabilise pas, réduis peut-être dans un premier temps ta consommation. En prendre conscience est déjà un grand pas. Tu peux te faire aider en cas d'addiction par des professionnels de santé.

Si tu te rends compte que c'est toute ton alimentation que tu aimerais revoir, regarde sur Internet, documente-toi sur l'orientation que tu aimerais prendre, si tu t'y perds parmi toutes les informations et si selon tes moyens tu peux te le permettre, n'hésite pas à consulter un nutritionniste spécialisé dans un mode d'alimentation qui te séduit. Dans tous les cas, commence quelque chose aujourd'hui.

Qu'en est-il de tes engagements de début de semaine ? Si tu t'y tiens, félicitations, tu as compris que c'était vraiment important. Sinon, j'aimerai que tu réfléchisses à la notion suivante : lorsque quelqu'un s'engage envers toi et qu'il ne respecte pas son engagement, tu n'es pas content, tu lui en veux, tu le lui fais savoir parfois. Alors pourquoi ne pas avoir le même niveau d'exigence envers toi-même ?

Tu es la personne la plus importante de ta Vie.

Je me suis toujours dit que les personnes les plus importantes étaient mes enfants. C'est faux, la personne la plus importante c'est moi ! Comment puis-je leur apporter le meilleur si je ne suis pas en état de le faire ?

Il n'est jamais trop tard pour commencer quelque chose de bien, respecte tes engagements envers toi-même.

> Fais ta méditation de pleine conscience en gardant près de toi un stylo et ton classeur ouvert à l'intercalaire « Écriture intuitive ».

> Tout de suite après avoir terminé ta méditation, fais ton exercice d'écriture intuitive. Écris sans réfléchir sur ta page. Dès que tu commences à réfléchir, arrête-toi d'écrire. Tu vas peut-être écrire un seul mot, peut-être deux, peut-être une phrase, peut-être une page. Ce qui est important, c'est vraiment d'arrêter d'écrire dès que tu réfléchis. Ce que tu auras écrit sera dicté par ton âme.

> Note les impressions et sensations physiques et intérieures de ta méditation à l'intercalaire « Méditation ». Cela peut-être des images, des pensées, des idées, l'impression d'être touché, des fourmillements, une chaleur, un goût, une odeur, etc.

> N'oublie pas de poser ton classeur ouvert à l'intercalaire « Rêves » sur ta table de chevet pour y noter tes rêves quand ils sont encore frais. Si tu n'as pas l'habitude de te souvenir de tes rêves, demande à ton âme en te couchant qu'elle t'aide dans ce sens, comme nous l'avons vu dans un exercice précédent. Analyse ton ou tes rêves si tu en as, comme vu « jour 5 semaine 3 ».

Semaine 6 • Le pardon

Tu rumines consciemment et inconsciemment tes blessures, que les autres ou toi-même ont engendré. Parfois tu en veux à untel, parfois tu te sens coupable aussi, tu t'en veux à toi-même.

Plutôt que de tirer un trait sur ce passé qui reste présent à chaque instant, tu ressasses. Tu entretiens des pensées négatives qui te conduisent parfois au mal-être, à la maladie, comme vu précédemment. Ce passé a été nécessaire pour faire de toi ce que tu es aujourd'hui. Tout a une raison. Tout est prévu pour t'aider à évoluer, à grandir. Mais tes expériences ne doivent pas t'emprisonner.

Il faut pardonner aux autres mais aussi à soi-même ! Arf ! Facile à dire, il faut ! Il faut ! Qu'est-ce que tu peux bien faire avec cette affirmation ?! Tu le sais sûrement, mais pour le mettre en application c'est beaucoup plus compliqué. Tu te dis sûrement que tu as raison et que la ou les personnes auxquelles tu en veux ont tort ! A quoi ça sert de rester prostré dans le passé. Tu ne pourras jamais revenir dessus et changer les choses. Les « si j'avais su… », les « j'aurais dû… » n'arrangeront rien. Ce qui arrangera les choses, ce qui fera que tu te sens mieux c'est la façon dont tu vois la situation aujourd'hui et tu ne pourras la voir différemment que si tu pardonnes. Sans le pardon tu es comme retenu en otage. Dès que tu seras prêt à pardonner, tu seras libre ! Tu veux aller bien ou tu veux avoir raison ? Tu veux aller bien ou te culpabiliser encore et toujours ? Qu'est-ce qui compte le plus ?

Un jour, j'ai eu l'idée d'une vidéo sur l'Amour pour ma chaîne YouTube. Alors j'ai demandé aux internautes leur propre définition de l'Amour. Certains ont joué le « jeu » et m'ont envoyé leur vidéo sur le sujet. Une maman m'a envoyé une vidéo de sa petite fille en train de jouer et de chanter en même temps :

« Si tu peux pardonner, l'Amour peut gagner. »

Cette phrase a résonné en moi comme une vérité absolue. Je pense que nous sommes venus sur Terre pour faire des expériences évolutives. Je pense que la plus haute mission de notre âme est d'apprendre à aimer et le pardon est le chemin le plus important qui permettra d'avancer vers cette réalisation. Pardonner veut dire se libérer d'une emprise qui nous tire vers le bas. Avec le pardon, on se sent plus léger, prêt à déployer ses ailes. « Le pardon ne change pas le passé, il élargit l'avenir. »

« Le pardon, quel repos ! »
Victor Hugo

N'oublie pas les engagements que tu as pris pour ton corps, planifie-les dans ton agenda pour cette semaine.

S6/Jour 1

J'en veux à…

Les exercices

> Fais une méditation de pleine conscience.

> Tout de suite après l'intercalaire « Âme », tu vas écrire à qui tu en veux.

« J'en veux à… (écris le nom d'une personne ou d'une organisation quelle qu'elle soit), à cause de… (écris ce que tu lui reproches). »

S'il y a plusieurs personnes ou plusieurs causes, réécris la phrase à chaque fois en entier.

« Je m'en veux de… » (écris ce pour quoi tu t'en veux).

S'il y a plusieurs causes, réécris la phrase à chaque fois en entier.

> Note les impressions et sensations physiques et intérieures de ta méditation à l'intercalaire « Méditation ». Cela peut être des images, des pensées, des idées, l'impression d'être touché, des fourmillements, une chaleur, un goût, une odeur, etc.

> N'oublie pas de poser ton classeur ouvert à l'intercalaire « Rêves » sur ta table de chevet pour y noter tes rêves quand ils sont encore frais. Si tu n'as pas l'habitude de te souvenir de tes rêves, demande à ton âme en te couchant qu'elle t'aide dans ce sens, comme nous l'avons vu dans un exercice précédent. Analyse ton ou tes rêves si tu en as, comme vu « jour 5 semaine 3 ».

> Continue pendant toute la durée du programme à réciter ton mantra « Je suis beau » plusieurs fois, le matin lorsque tu vois ton post-it.

S6/Jour 2

Qu'est-ce que ça te fait ?

Les exercices

Les mots (maux) ont été posés hier sur le papier.

> Relis ces phrases que tu as écrites et note tes impressions à la suite de l'intercalaire « Âme » tes ressentis dans les moindres détails. Qu'est-ce que ça te fait ? Comment te sens-tu ?

Tu as fini ? Bravo, ce n'était pas facile !

> Va dans un lieu dans lequel tu peux crier. Hurle tout ce que tu reproches à la personne en question ou à toi-même. Tu peux juste crier en imaginant toute ta colère sortir par ce cri. Expulse-la, elle doit sortir !

> **Si tu le peux, écoute la méditation guidée n°11 : « Libération des émotions ».**

(Lien : www.be-yourself-challenge.com/liberation-emotions.php)

> Note les impressions et sensations physiques et intérieures de ta méditation à l'intercalaire « Méditation ». Cela peut être des images, des pensées, des idées, l'impression d'être touché, des fourmillements, une chaleur, un goût, une odeur…

> N'oublie pas de poser ton classeur ouvert à l'intercalaire « Rêves » sur ta table de chevet pour y noter tes rêves quand ils sont encore frais. Si tu n'as pas l'habitude de te souvenir de tes rêves, demande à ton âme en te couchant qu'elle t'aide dans ce sens, comme nous l'avons vu dans un exercice précédent. Analyse ton ou tes rêves si tu en as, comme vu « jour 5 semaine 3 ».

S6/Jour 3

Des choses à comprendre

Rien n'arrive par hasard, je pense que tout ce qui nous arrive est le résultat d'une action passée dans cette vie ou dans une autre. Nous sommes tous liés les uns aux autres. Cela peut être aussi des épreuves nécessaires à un apprentissage.

Parfois, nous avons l'impression de subir une situation négative mais je pense que nous avons engendré cette situation, même si parfois c'est assez difficile à croire.

Je pense que nous choisissons nos parents, toutes nos rencontres, notre environnement et même nos expériences avant l'incarnation. Tout cela va être bénéfique à notre évolution, même si sur le moment nous ne nous en rendons par forcément compte. Nos épreuves ont toutes des choses à nous enseigner et servent à nous faire évoluer et grandir.

Lorsque j'ai pris conscience de cela, j'étais moins en colère envers certaines personnes ou envers des situations que je ne comprenais pas et qui me blessaient. J'ai pu accepter et pardonner.

Les exercices

> Sur une nouvelle page, note à l'intercalaire « Âme » ce que les épreuves liées à ce que tu dois pardonner t'ont appris.

Exemple : *« Mes parents ne se sont pas suffisamment préoccupés de moi enfant, j'ai dû me débrouiller toute seule, sans cette expérience, je ne serais pas autant débrouillarde aujourd'hui et cette qualité m'a aidée et m'aide encore dans la vie de tous les jours. »*

Les gens agissent de la mauvaise façon en fonction de leurs souffrances personnelles. Il n'existe pas de personnes méchantes, il n'existe que des personnes en souffrance. Toi aussi tu as fait des erreurs, tu as parfois mal agi envers quelqu'un d'autre en fonction de ce que tu as vécu mais aussi en fonction de ta compréhension et de ta vision du monde. Aie de la compassion pour cette personne comme tu aimerais qu'elle en ait pour toi.

> Fais ta méditation de pleine conscience en gardant près de toi un stylo et ton classeur ouvert à l'intercalaire « Écriture intuitive ».

> Tout de suite après avoir terminé ta méditation, écris sans réfléchir sur ta page. Dès que tu commences à réfléchir, arrête-toi d'écrire. Tu vas peut-être écrire un seul mot, peut-être deux, peut-être une phrase, peut-être une page. Ce qui est important c'est vraiment d'arrêter d'écrire dès que tu réfléchis. Ce que tu auras écrit sera dicté par ton âme.

> Note tes impressions et sensations physiques et intérieures de ta méditation à l'intercalaire « Méditation ». Cela peut être des images, des pensées, des idées, l'impression d'être touché, des fourmillements, une chaleur, un goût, une odeur, etc.

> N'oublie pas de poser ton classeur ouvert à l'intercalaire « Rêves » sur ta table de chevet pour y noter tes rêves quand ils sont encore frais. Si tu n'as pas l'habitude de te souvenir de tes rêves, demande à ton âme en te couchant qu'elle t'aide dans ce sens, comme nous l'avons vu dans un exercice précédent. Analyse ton ou tes rêves si tu en as, comme vu « jour 5 semaine 3 ».

S6/Jour 4

Es-tu prêt ?

Les exercices

Le pardon libère, allège, permet d'avancer.

> Fais ta méditation de pleine conscience en l'orientant vers le pardon. Garde près de toi un stylo et ton classeur ouvert à l'intercalaire « Écriture intuitive ».

> Tout de suite après avoir terminé ta méditation, écris sans réfléchir sur ta page. Dès que tu commences à réfléchir, arrête-toi d'écrire. Tu vas peut-être écrire un seul mot, peut-être deux, peut-être une phrase, peut-être une page. Ce qui est important c'est vraiment d'arrêter d'écrire dès que tu réfléchis. Ce que tu auras écrit sera dicté par ton âme.

> Note tes impressions et sensations physiques et intérieures de ta méditation à l'intercalaire « Méditation ». Cela peut être des images, des pensées, des idées, l'impression d'être touché, des fourmillements, une chaleur, un goût, une odeur, etc.

OU

> **Écoute la méditation guidée n°12 : « Chemin vers le pardon ».**

(Lien : www.be-yourself-challenge.com/chemin-pardon.php)

> Note tes impressions et sensations physiques et intérieures de ta méditation à l'intercalaire « Méditation ». Cela peut être des images, des pensées, des idées, l'impression d'être touché, des fourmillements, une chaleur, un goût, une odeur, etc.

> N'oublie pas de poser ton classeur ouvert à l'intercalaire « Rêves » sur ta table de chevet pour y noter tes rêves quand ils sont encore frais. Si tu n'as pas l'habitude de te souvenir de tes rêves, demande à ton âme en te couchant qu'elle t'aide dans ce sens, comme nous l'avons vu dans un exercice précédent. Analyse ton ou tes rêves si tu en as comme vu « jour 5 semaine 3 ».

S6/Jour 5

Quelles actions ?

Peut-être es-tu déjà prêt à pardonner, il ne faut pas que tu te dises « ok je pardonne ! » mais que dans ton cœur ça ne soit pas si évident. Il faut que tu ressentes le pardon avec Amour. Pardonner ce n'est pas admettre que l'autre a eu raison, pardonner c'est se libérer. Si c'est le cas, quelles actions voudrais-tu entreprendre ?

Les exercices

> Note tes engagements à l'intercalaire « Âme ».

Si c'est à toi que tu dois demander pardon, écris :

« Je me pardonne pour… » Si cela implique quelqu'un d'autre, engage une action envers cette personne et note-la.

Exemple : *« Je n'aurais pas dû agir de la sorte, je vais aller voir mon fils et lui demander pardon pour… »*

Si c'est à quelqu'un d'autre ou quelque chose, écris tes prochaines actions. Cela sera peut-être écrire une lettre à quelqu'un (même décédé), rendre visite, le dire ou tout simplement le faire comprendre par un geste, etc. Fais-le aujourd'hui ou planifie-le dans ton agenda tout de suite !

Ne crée pas de conflit en menant ton action, elle doit être une sorte de délivrance pour toi et non un moment propice à de nouvelles querelles. Tu trouveras les mots pour faire passer ton message de manière pacifiste et diplomate j'en suis sûre. Ne l'accuse pas, ne le juge pas, dis-lui simplement ce que tu as sur le cœur, ce que tu as ressenti. Si la personne en face de toi n'est pas ouverte à ce que tu lui dis ce n'est pas grave, au moins tu te seras libéré.

Respecte tes engagements

Lorsque l'action sera terminée, passe à autre chose ! Si tu n'es pas encore prêt, tu reviendras sur cet exercice ultérieurement.

> Fais ta méditation de pleine conscience en gardant près de toi un stylo et ton classeur ouvert à l'intercalaire « Écriture intuitive ».

> Tout de suite après avoir terminé ta méditation, écris sans réfléchir sur ta page. Dès que tu commences à réfléchir, arrête-toi d'écrire. Tu vas peut-être écrire un seul mot, peut-être deux, peut-être une phrase, peut-être une page. Ce qui est important c'est vraiment d'arrêter d'écrire dès que tu réfléchis. Ce que tu auras écrit sera dicté par ton âme.

> Note tes impressions et sensations physiques et intérieures de ta méditation à l'intercalaire « Méditation ». Cela peut être des images, des pensées, des idées, l'impression d'être touché, des fourmillements, une chaleur, un goût, une odeur, etc.

> N'oublie pas de poser ton classeur ouvert à l'intercalaire « Rêves » sur ta table de chevet pour y noter tes rêves quand ils sont encore frais. Si tu n'as pas l'habitude de te souvenir de tes rêves, demande à ton âme en te couchant qu'elle t'aide dans ce sens, comme nous l'avons vu dans un exercice précédent. Analyse ton ou tes rêves si tu en as, comme vu « jour 5 semaine 3 ».

S6/Jours 6, 7

Ardoise effacée !

Les exercices

> Si tu as réussi l'exercice d'hier, déchire la page de « reproches » que tu as écrite cette semaine et jette-la à la poubelle. Tu scelles ainsi ton pardon. Si tu n'es pas encore prêt, tu pourras y revenir ultérieurement.

> Fais ta méditation de pleine conscience en gardant près de toi un stylo et ton classeur ouvert à l'intercalaire « Écriture intuitive ».

> Tout de suite après avoir terminé ta méditation, écris sans réfléchir sur ta page. Dès que tu commences à réfléchir, arrête-toi d'écrire. Tu vas peut-être écrire un seul mot, peut-être deux, peut-être une phrase, peut-être une page. Ce qui est important c'est vraiment d'arrêter d'écrire dès que tu réfléchis. Ce que tu auras écrit sera dicté par ton âme.

> Note tes impressions et sensations physiques et intérieures de ta méditation à l'intercalaire « Méditation ». Cela peut être des images, des pensées, des idées, l'impression d'être touché, des fourmillements, une chaleur, un goût, une odeur, etc.

> N'oublie pas de poser ton classeur ouvert à l'intercalaire « Rêves » sur ta table de chevet pour y noter tes rêves quand ils sont encore frais. Si tu n'as pas l'habitude de te souvenir de tes rêves, demande à ton âme en te couchant qu'elle t'aide dans ce sens, comme nous l'avons vu dans un exercice précédent. Analyse ton ou tes rêves si tu en as comme vu « jour 5 semaine 3 ».

Semaine 7 • Gratitude et loi d'attraction

Lorsque tu viens au monde, l'une des premières choses que tes parents t'enseignent c'est de dire merci. Ainsi, tout au long de ta Vie tu diras « merci ». Le plus souvent ça sera un automatisme dénué de sentiment, c'est la politesse. Et parfois, ton merci sera accompagné d'un sentiment plus profond d'Amour et de reconnaissance, c'est la gratitude.
Il t'arrive d'éprouver de la gratitude parfois, mais, par rapport à toutes les bonnes choses qui t'arrivent, ce sentiment n'est pas assez présent. Parce que tu es bien trop concentré sur le négatif.
Je me rends compte que je pouvais avoir 100 commentaires positifs sur ma chaîne YouTube, dès que j'en avais un seul négatif, cela me plombait et j'oubliais instantanément les 100 autres merveilleux. C'est stupide !
Pourtant, cette notion est présente dans tous les aspects de notre Vie. Et si dorénavant, tu portais toute ton attention sur ce qui est positif ? Et si le fait d'exprimer ta gratitude te permettait d'inverser la tendance ?
Plus tu seras reconnaissant, plus tu te concentreras sur le positif, plus tes vibrations seront positives et plus tu créeras le meilleur pour toi.
Cela ne veut pas dire rejeter ses émotions. Elles ont besoin d'être exprimées. Dans le développement personnel, on prône souvent à tort le positivisme à outrance au détriment de l'expression de nos parties sombres. Non, nous ne vivons pas dans un monde de Bisounours et reconnaître et exprimer ses émotions est finalement très sain.
Pour te parler de mon expérience personnelle, lorsque j'ai appris le cancer de mon fils j'étais totalement effondrée. J'étais en colère, j'étais très triste. Et exprimer mes émotions m'a vraiment aidée, c'était comme une soupape d'échappement.
Réprimer ses émotions c'est comme posséder une bombe à retardement au fond de soi.

Plus elle grossit et plus elle fait des dégâts importants.
Pour ma part une fois que j'avais évacué mes émotions difficiles, j'ai commencé à me concentrer sur le positif autour de moi et même sur le positif que cette situation dramatique avait engendré.
J'ai aussi utilisé la gratitude, je remerciais pour les nouvelles rencontres bénéfiques que je faisais grâce à la maladie, pour les prises de conscience que j'ai eu sur la vie, pour le fait d'avoir enfin vu que rien n'était à prendre au sérieux, pour ces fameux lâcher-prise et instant présent tant recherchés et qui par la force des choses se sont imposés à moi naturellement, pour les qualités que j'ai développées, etc. Je pense que toutes les épreuves ont une raison positive d'exister.
La gratitude m'a beaucoup aidée à faire passer la tornade émotionnelle qui m'habitait. Se concentrer sur le positif et remercier profondément avec le cœur.
Cela peut paraître masochiste de remercier autour d'une épreuve comme celle-ci, c'est en fait très salvateur.
La gratitude te permet également plus de confiance en toi, car tu prends conscience de toutes les choses merveilleuses qui t'arrivent. Plus tu prends conscience de ces belles choses et plus tu peux croire qu'il peut t'en arriver encore plein d'autres. Tu as foi en toi, foi en la Vie. Il y a aussi un truc incroyable, magique avec la gratitude, le fait que si tu remercies à l'avance pour des choses que tu n'as pas encore, comme si tu les avais déjà, l'Univers tout entier va se réajuster et faire en sorte que tu puisses les obtenir. C'est une facette de la loi d'attraction. Tout ce que tu penses, dis, fais, tu l'attires.

« Vous êtes le maître de votre Vie et l'Univers exécute tous vos ordres. Ne vous laissez pas hypnotiser par les tableaux qui se manifestent s'ils ne correspondent pas à ce que vous voulez. Assumez-en la responsabilité, minimisez-en l'importance si vous le pouvez et oubliez-les. Nourrissez par la suite des pensées axées sur ce que vous voulez, imprégnez-vous en, et éprouvez de la gratitude à l'avance. »

Rhonda Byrne

N'oublie pas les engagements que tu as pris pour ton corps, planifie-les sur ton agenda pour cette semaine

S7/Jour 1

Les émotions

Il existe plusieurs types d'émotions, certaines nous font du bien comme la joie par exemple, d'autres font naître en nous un sentiment de malaise tel que la tristesse, la colère ou la peur. Nous allons nous pencher sur ces dernières aujourd'hui.

Nous l'avons vu en introduction, il ne s'agit pas de faire du positivisme hypocrite. Être soi-même, c'est aussi accepter toutes nos facettes même les plus ombreuses. C'est aussi accepter que nous soyons des êtres sensibles par nature. De ce fait, exprimons ce qui doit l'être. Bannissons les croyances populaires qui prônent par exemple le fait qu'un homme ne doit pas pleurer.

Il y a des limites à l'expression de nos émotions mais je pense que tant que le fait de les exprimer ne nous fait pas de mal ou ne fait pas de mal à autrui, nous devons les exprimer pour nous en libérer. Les émotions réprimées finissent par exploser sous le poids d'un trop-plein au bout d'un moment. Ce qui ne s'exprime pas s'imprime profondément et provoque de gros dégâts.

Pour se libérer des émotions qui tirent vers le bas, certains pleurent, d'autres font du sport, d'autres vont aller crier dans la forêt ou d'autres encore vont écrire ce qu'ils ressentent dans un journal. Je trouve ce dernier exercice absolument fabuleux.

Les exercices

Après l'écriture intuitive, je te propose l'écriture libératrice.

> Après ta méditation de pleine conscience, note à l'intercalaire « Âme », toutes les émotions négatives qui te traversent en ce moment. Raconte leur histoire, de quelle manière elles ont germé en toi. Pendant cet exercice, il se peut que tu verses aussi quelques larmes, que tu aies envie de crier, etc. Fais-le ! Évacue ce qui doit sortir.

Si cet exercice te plaît, tu pourras ensuite te procurer un petit carnet ou classeur pour faire cet exercice régulièrement.

> Note tes impressions et sensations physiques et intérieures de ta méditation à l'intercalaire « Méditation ». Cela peut être des images, des pensées, des idées, l'impression d'être touché, des fourmillements, une chaleur, un goût, une odeur, etc.

> N'oublie pas de poser ton classeur ouvert à l'intercalaire « Rêves » sur ta table de chevet pour y noter tes rêves quand ils sont encore frais. Si tu n'as pas l'habitude de te souvenir de tes rêves, demande à ton âme en te couchant qu'elle t'aide dans ce sens, comme nous l'avons vu dans un exercice précédent. Analyse ton ou tes rêves si tu en as comme vu « jour 5 semaine 3 ».

S7/Jour 2

Gratitude

Les exercices

> Après ta méditation de pleine conscience, note à l'intercalaire « Âme » toutes les choses qui méritent de la gratitude dans ta Vie. Prends ton temps, tu peux aussi revenir dessus et compléter la liste lorsque d'autres choses te reviendront.

> Lis ensuite ce que tu as écris avec le cœur, ressens cette gratitude pleinement.

> Note tes impressions et sensations physiques et intérieures de ta méditation à l'intercalaire « Méditation ». Cela peut être des images, des pensées, des idées, l'impression d'être touché, des fourmillements, une chaleur, un goût, une odeur, etc.

> N'oublie pas de poser ton classeur ouvert à l'intercalaire « Rêves » sur ta table de chevet pour y noter tes rêves quand ils sont encore frais. Si tu n'as pas l'habitude de te souvenir de tes rêves, demande à ton âme en te couchant qu'elle t'aide dans ce sens, comme nous l'avons vu dans un exercice précédent. Analyse ton ou tes rêves si tu en as comme vu « jour 5 semaine 3 ».

S7/Jour 3

Il n'y a pas de négatif

Parfois, je vis des épreuves difficiles et avant je pestais contre l'Univers, contre la Vie, contre Dieu, contre la fatalité. Et lorsque j'ai vu que ces épreuves étaient en fait un mal pour un bien, qu'il y avait toujours une leçon à en tirer, ou un autre chemin à prendre encore plus beau, j'ai compris que ces épreuves difficiles étaient nécessaires pour mon évolution. Alors oui, parfois nous ne nous en rendons pas compte sur le moment, parfois il faut des années voire des vies pour comprendre les bienfaits de l'épreuve. Mais c'est toujours pour notre bien.

Ainsi, si cet homme ne m'avait pas quittée, je n'aurais jamais rencontré un Amour plus fort. Si cette entreprise ne m'avait pas licenciée, je n'aurais jamais pu m'épanouir à un autre poste dans une autre entreprise, etc. Je pense que lorsqu'une porte se ferme c'est pour permettre à une porte plus grande et plus belle de s'ouvrir.

Alors avant je priais pour sortir de telle ou telle situation difficile, maintenant je prie pour avoir la force de les surmonter et je remercie en avance de l'apprentissage que je vais en tirer.

Les exercices

> Après ta méditation de pleine conscience, à l'intercalaire « âme » remercie pour toutes les choses que tu qualifies de négatives et qui te sont arrivées en complétant la phrase suivante autant de fois que nécessaire :

Gratitude pour/à… dans un sens, c'est bien parce que…

Exemple :

> *Gratitude pour cette rupture qui a été très difficile, dans un sens, c'est bien parce que sinon je n'aurai jamais rencontré celui qui est mon mari aujourd'hui et avec lequel je suis plus épanouie.*

> *Gratitude pour cet évier bouché alors que mon mari était en déplacement, dans un sens, c'est bien parce que maintenant j'ai appris à déboucher un évier moi-même et j'en suis fière.*

Réfléchis bien à ce que certains évènements t'ont apporté de positif, même une petite chose.

> Lis ensuite ce que tu as écris avec le cœur, ressens cette gratitude pleinement.

> Note tes impressions et sensations physiques et intérieures de ta méditation à l'intercalaire « Méditation ». Cela peut être des images, des pensées, des idées, l'impression d'être touché, des fourmillements, une chaleur, un goût, une odeur, etc.

> N'oublie pas de poser ton classeur ouvert à l'intercalaire « Rêves » sur ta table de chevet pour y noter tes rêves quand ils sont encore frais. Si tu n'as pas l'habitude de te souvenir de tes rêves, demande à ton âme en te couchant qu'elle t'aide dans ce sens, comme nous l'avons vu dans un exercice précédent. Analyse ton ou tes rêves si tu en as comme vu « jour 5 semaine 3 ».

S7/Jour 4

Gratitude en avance

Les exercices

> Note à l'intercalaire « Âme » ta gratitude envers les choses que tu aimerais voir arriver dans ta Vie comme si elles étaient déjà là.

Exemple :

> *Merci du fond du cœur (tu formules le début comme tu veux) pour mon livre qui est un best-seller.*

> *Gratitude pour mon examen que j'ai réussi facilement.*

> Lis ensuite ce que tu as écris avec le cœur, ressens cette gratitude pleinement. Mets toute ta foi dans tes mots. Ce qui compte c'est ta pensée la plus profonde. Ces mots dits sans conviction ne seraient pas efficaces car la loi d'attraction prend en compte uniquement ce que tu penses profondément.

Il n'y a rien d'impossible ! Qu'est-ce que ça te coûte d'essayer ? Et si tu as des soucis avec une question d'humilité ou de modestie mal placée, les prochains exercices sur les croyances limitatives pourront t'aider.

Pourquoi les bonnes choses arrivent aux autres et pourquoi ça ne pourrait pas t'arriver à toi ? Juste à cause de croyances limitatives ! Sache que tu es merveilleux, nous le sommes tous ! Tu le mérites autant qu'un autre ! Alors remercie pour ce que tu aimerais sans jugement ! À partir du moment où tu y penses, ou que tu le rêves, tu peux le faire ! Un rêve ne naît pas sans raison, il est fait pour être réalisé. Sinon nous aurions tous le même rêve.

> Fais ta méditation de pleine conscience en gardant près de toi un stylo et ton classeur ouvert à l'intercalaire « Écriture intuitive ».

- Tout de suite après avoir terminé ta méditation, écris sans réfléchir sur ta page. Dès que tu commences à réfléchir, arrête-toi d'écrire. Tu vas peut-être écrire un seul mot, peut-être deux, peut-être une phrase, peut-être une page. Ce qui est important c'est vraiment d'arrêter d'écrire dès que tu réfléchis. Ce que tu auras écrit sera dicté par ton âme.
- Note tes impressions et sensations physiques et intérieures de ta méditation à l'intercalaire « Méditation ». Cela peut être des images, des pensées, des idées, l'impression d'être touché, des fourmillements, une chaleur, un goût, une odeur, etc.
- N'oublie pas de poser ton classeur ouvert à l'intercalaire « Rêves » sur ta table de chevet pour y noter tes rêves quand ils sont encore frais. Si tu n'as pas l'habitude de te souvenir de tes rêves, demande à ton âme en te couchant qu'elle t'aide dans ce sens, comme nous l'avons vu dans un exercice précédent. Analyse ton ou tes rêves si tu en as comme vu « jour 5 semaine 3 ».

S7/Jour 5

Gratitude quotidienne

Les exercices

> Avant d'aller te coucher, note à l'intercalaire « Âme » les choses pour lesquelles tu as de la gratitude sur ta journée écoulée en utilisant les formules que nous avons vues les deux premiers jours de la semaine, puis relis à voix haute avec Amour et conviction ce que tu as noté au sujet des choses que tu aimerais voir arriver dans ta Vie comme si elles étaient déjà là.

> Fais ta méditation de pleine conscience en gardant près de toi un stylo et ton classeur ouvert à l'intercalaire « Écriture intuitive ».

> Tout de suite après avoir terminé ta méditation, écris sans réfléchir sur ta page. Dès que tu commences à réfléchir, arrête-toi d'écrire. Tu vas peut-être écrire un seul mot, peut-être deux, peut-être une phrase, peut-être une page. Ce qui est important c'est vraiment d'arrêter d'écrire dès que tu réfléchis. Ce que tu auras écrit sera dicté par ton âme.

> Note tes autres impressions et sensations physiques et intérieures de ta méditation à l'intercalaire « Méditation ». Cela peut-être des images, des pensées, des idées, l'impression d'être touché, des fourmillements, une chaleur, un goût, une odeur, etc.

> N'oublie pas de poser ton classeur ouvert à l'intercalaire « Rêves » sur ta table de chevet pour y noter tes rêves quand ils sont encore frais. Si tu n'as pas l'habitude de te souvenir de tes rêves, demande à ton âme en te couchant qu'elle t'aide dans ce sens, comme nous l'avons vu dans un exercice précédent. Analyse ton ou tes rêves si tu en as comme vu « jour 5 semaine 3 ».

S7/Jour 6

Loi d'attraction

D'abord une idée, une pensée, ensuite, viennent des mots et des actes. Tout ce que tu penses, tout ce que tu dis, tout ce que tu fais crée une empreinte dans l'Univers qui te renvoie toutes tes pensées, tes dires et tes actes. C'est ce que l'on appelle la loi de l'attraction. Nous l'avons vu précédemment, tu attires à toi ce que tu es, ce que tu penses, ce que tu dis et ce que tu fais comme un boomerang. Parfois, tu as l'impression que tu es malchanceux à cause d'évènements malheureux successifs qui te le font penser alors tu vas te dire « je suis malchanceux » et tu vas continuer à créer cette malchance par la loi d'attraction. Tu peux te dire aussi « je n'ai jamais réussi quelque chose, la réussite n'est pas pour moi » alors tu n'attireras jamais la réussite. Nous l'avons vu, la loi d'attraction prend naissance dans ce que tu penses profondément, donc ce que tu crois. Lorsque tu utilises cette loi à ton avantage, elle peut faire des miracles dans ta Vie.
Nous avons déjà commencé à l'utiliser dans de précédents exercices.
Si tu penses que tu vas y arriver alors tu y arriveras. Si tu penses que tu en es capable alors tu en seras capable. Tu peux même te le répéter comme un mantra à la manière de notre exercice sur la beauté. Sais-tu que Michael Jackson se répétait devant son miroir tous les matins qu'il vendrait des millions de disques avant d'avoir le succès qu'on lui connaît ?
Souvent, les gens commencent à utiliser la loi de l'attraction par de petites choses, ainsi, ils vont se dire en cherchant une place de parking : « Je vais trouver rapidement une place » et hop comme par magie une place se libère.
ATTENTION, il ne suffit pas de vouloir ou demander pour attirer,

il faut y croire. C'est ta pensée profonde qui est valable. Si tu dis « je veux » tu restes dans le vouloir. « Je veux » n'est pas une bonne formulation. Il y a une différence entre « je veux que mon projet réussisse » (la loi d'attraction te laisse dans le vouloir) et « Mon projet réussit ». (La loi d'attraction te permet de réussir.) Saisis-tu la nuance ?

Certains diront que le libre arbitre n'existe pas et que de ce fait, la loi d'attraction non plus. Comment pourrions-nous changer notre destinée grâce à la loi d'attraction si nous n'avons pas de libre arbitre et si tout est déjà écrit ?

Il existe plusieurs théories sur le sujet. À une époque la question du libre arbitre et de la destinée me turlupinait, j'ai beaucoup lu sur le sujet et finalement ça n'est pas grâce à mes lectures que j'ai trouvé une théorie qui me convienne mais grâce à mon expérience.

Je pense que le libre arbitre existe avant l'incarnation, cela me semble plus acceptable que de croire que le libre arbitre n'existe pas du tout. À quoi tout cela pourrait bien servir sinon ? D'être juste un pantin articulé ? Et dans le même temps, je me suis rendu compte, toujours à travers mes expériences que tout était écrit, que l'on ne pouvait pas échapper à sa destinée. Alors j'en ai conclu que nous avions décidé ce qu'il allait se produire, notre âme l'avait décidé en amont, avant son incarnation.

Cela reste une théorie, ma théorie. C'est sûrement beaucoup plus complexe que ça, ou je me trompe peut-être totalement, mais c'est ma vérité du moment. Toutes les vérités sont justes en fonction du point de vue de chacun. La vérité est comme un prisme qui offre une facette différente en fonction de l'angle de vue d'un individu à l'autre. Et puis la vérité évolue, la vérité d'aujourd'hui ne sera pas forcement la même demain.

Pour en revenir à ce qui nous intéresse ici, la loi d'attraction, je pense qu'elle est compatible avec le fait que tout soit déjà écrit. Et s'il était écrit que tu te procures ce livre pour commencer à travailler avec l'idée de la loi d'attraction pour t'aider à avancer ? Et si cette loi d'attraction était une étape nécessaire pour poser des intentions et avancer vers elles ?

Les exercices

> Aujourd'hui, tu vas tester la loi d'attraction avec des petites choses. Réfléchis à ce que tu pourrais attirer à toi de positif dans ta journée pour te la faciliter. Que ce soit au travail ou dans ta vie personnelle. Réfléchis à des petites choses dont tu pourras voir la réalisation dans la journée, et attire-les à toi par la pensée, grâce à des phrases positives ou des mantras.

> Fais ta méditation de pleine conscience en gardant près de toi un stylo et ton classeur ouvert à l'intercalaire « Écriture intuitive ».

> Tout de suite après avoir terminé ta méditation, écris sans réfléchir sur ta page. Dès que tu commences à réfléchir, arrête-toi d'écrire. Tu vas peut-être écrire un seul mot, peut-être deux, peut-être une phrase, peut-être une page. Ce qui est important c'est vraiment d'arrêter d'écrire dès que tu réfléchis. Ce que tu auras écrit sera dicté par ton âme.

> Note tes autres impressions et sensations physiques et intérieures de ta méditation à l'intercalaire « Méditation ». Cela peut être des images, des pensées, des idées, l'impression d'être touché, des fourmillements, une chaleur, un goût, une odeur, etc.

> Avant d'aller te coucher, note à l'intercalaire « Âme » les choses pour lesquelles tu as de la gratitude sur ta journée écoulée en utilisant les formules que nous avons vues les deux premiers jours de la semaine, puis relis à voix haute avec Amour et conviction ce que tu as noté au sujet des choses que tu aimerais voir arriver dans ta Vie comme si elles étaient déjà là.

> N'oublie pas de poser ton classeur ouvert à l'intercalaire « Rêves » sur ta table de chevet pour y noter tes rêves quand ils sont encore frais. Si tu n'as pas l'habitude de te souvenir de tes rêves, demande à ton âme en te couchant qu'elle t'aide dans ce sens, comme nous l'avons vu dans un exercice précédent. Analyse ton ou tes rêves si tu en as, comme vu « jour 5 semaine 3 ».

S7/Jour 7

Loi d'attraction et visualisation

Grâce aux nombreux exercices que nous avons effectués ces dernières semaines, aux nombreuses notes que tu as prises, il y a forcément des envies d'ordre professionnel ou personnel qui en sont ressorties. D'ailleurs, lors de tes remerciements quotidiens ça a sûrement dû apparaître. Il y a donc cette gratitude « en avance » qui t'aidera à obtenir ce que tu désires vraiment au plus profond de ton cœur et non pas ce que tu penses vouloir en fonction de la société.

Les exercices

> Aujourd'hui, tu vas réaliser un tableau de visualisation que tu glisseras au tout début du classeur pour l'avoir bien en vue. Ne réfléchis pas à ce qui est possible ou non, fais ton tableau de visualisation comme si tout était possible. Je te le répète « Tout ce que tu peux rêver, tu peux le faire ».

Un tableau de visualisation est une image d'ensemble qui te permet de te projeter, c'est également un formidable outil pour travailler avec la loi d'attraction. Tu le réaliseras sur une page, à l'intercalaire « Âme ». Tu peux dessiner, coller, écrire. Fais parler ta créativité ! Tu peux aussi le réaliser avec un logiciel photo sur ton ordinateur et réaliser tes collages avec tes images (personnelles, venant d'Internet ou de magazines). Ensuite tu les colleras sur la page de ton classeur. L'essentiel est de mettre des images qui correspondent à la vision que tu as de la réussite de tes projets.

Par exemple : si tu écris un livre et que tu as envie qu'il soit un succès, tu pourras le dessiner ou ajouter une icône qui le représente, sur la couverture tu pourras écrire « Best-seller », mettre une photo d'une séance de dédicace bondée, mettre une photo qui représentera l'abondance financière grâce à lui, etc.

Au fur et à mesure de ton avancement dans le challenge, il se peut que tu veuilles ajouter de nouveaux éléments à ton tableau. Sens-toi libre de le modifier ou d'en créer un autre.

Garde en tête qu'un tableau de visualisation c'est bien pour visualiser ce vers quoi tu veux aller, mais il te faudra passer à l'action si tu veux qu'il se réalise. Nous travaillerons sur l'action un peu plus loin dans ce challenge.

> Fais ta méditation de pleine conscience en gardant près de toi un stylo et ton classeur ouvert à l'intercalaire « Écriture intuitive ».

> Tout de suite après avoir terminé ta méditation, écris sans réfléchir sur ta page. Dès que tu commences à réfléchir, arrête-toi d'écrire. Tu vas peut-être écrire un seul mot, peut-être deux, peut-être une phrase, peut-être une page. Ce qui est important c'est vraiment d'arrêter d'écrire dès que tu réfléchis. Ce que tu auras écrit sera dicté par ton âme.

> Note tes autres impressions et sensations physiques et intérieures de ta méditation à l'intercalaire « Méditation ». Cela peut être des images, des pensées, des idées, l'impression d'être touché, des fourmillements, une chaleur, un goût, une odeur…

> Contemple ton tableau de visualisation pendant quelques minutes. Concentre-toi sur chaque image, chaque mot comme si c'était déjà là et ressens la sensation que ces éléments te procurent.

> Avant d'aller te coucher, note à l'intercalaire « Âme », les choses pour lesquelles tu as de la gratitude sur ta journée écoulée en utilisant les formules que nous avons vues les deux premiers jours de la semaine, puis relis à voix haute avec Amour et conviction ce que tu as noté au sujet des choses que tu aimerais voir arriver dans ta Vie comme si elles étaient déjà là.

> N'oublie pas de poser ton classeur ouvert à l'intercalaire « Rêves » sur ta table de chevet pour y noter tes rêves quand ils sont encore frais. Si tu n'as pas l'habitude de te souvenir de tes rêves, demande à ton âme en te couchant qu'elle t'aide dans ce sens, comme nous l'avons vu dans un exercice précédent. Analyse ton ou tes rêves si tu en as, comme vu « jour 5 semaine 3 ».

Semaine 8 • Les croyances

Les croyances commencent depuis notre plus jeune âge. Ainsi on croit au Père Noël parce que nos parents nous ont dit qu'il existait. Comment ne pas croire ses parents ? C'est évident, à cet âge, ils ont raison pour tout ! Alors quand ils me disent que je suis timide, cela ne peut être que vrai. C'est comme cela que vont se forger tout un tas de croyances. Il y en a même que je vais me construire toute seule en faisant des suppositions, par exemple si mes parents ne m'ont pas assez valorisée enfant, je me dirai que je ne vaux rien. Il n'y a pas que nous, nos parents, il y a aussi notre entourage, notre système éducatif, notre société, notre culture qui sont à l'origine de toutes nos croyances.

Toutes ces croyances partent d'une expérience qui devient ensuite une idée qui influe sur notre comportement, consciemment ou inconsciemment.

Parfois les croyances sont belles et nous aident à avancer, ce sont des croyances motivantes, celles qui nous permettent de construire. Parfois, elles détruisent et nous empêchent d'avancer, c'est ce que nous appellerons les croyances limitatives.

Ces dernières ne jouent pas à notre avantage. Consciemment ou inconsciemment, tu crois à certaines choses qui te sabotent.

« Croire c'est s'enfermer. »
Berthelot Brunet

N'oublie pas les engagements que tu as pris pour ton corps, planifie-les pour cette semaine.

S8/Jour 1

J'identifie mes croyances limitatives

Tu aimerais bien travailler sur tel projet, changer de travail, réussir dans ton domaine, améliorer tes relations avec les autres ou quelqu'un en particulier, réaliser un rêve. Tu as peut-être découvert tes potentialités lors des précédents exercices mais hélas, quelque chose te retient, quelque chose t'empêche de réaliser tout cela. Alors sache que si tu peux le rêver, l'imaginer, tu peux le faire ! Je me répète, tout est possible à partir du moment où tu le rêves. Mais alors, qu'est-ce qui te bloque dans la réalisations de tes projets ?
Tes croyances limitatives bien sûr !
Il existe plusieurs types de croyances limitatives, les croyances que je porte sur moi-même, les croyances que je pense que les autres portent sur moi-même, les croyances issues de l'inconscient collectif, etc.

Les exercices

- Pour identifier une croyance limitative, tu vas choisir les situations dans lesquelles tu te sens bloqué aujourd'hui.
- Écris-les à l'intercalaire « Esprit ». Écris absolument tout en toute honnêteté sans réfléchir, écris vraiment tout ce qu'il te passe par la tête sans jugement.

Exemple : Je me sens bloqué pour créer ma société.

- Ensuite, pour toutes les situations, écris maintenant pourquoi tu te sens bloqué, pourquoi tu n'y arrives pas, sous forme de pensées, d'idées, de convictions.

Exemple : Je n'y arriverai pas parce que :
Je n'ai pas d'argent
Il existe déjà ce service dans ma région
Je ne suis pas assez organisé
Je ne suis pas à la hauteur
J'ai peur d'échouer
Je suis trop vieux

Comme vu en introduction, toutes ces croyances sont fondées sur une expérience. Tout ce que l'on croit s'imprime et devient une vérité. En général, ces croyances sont ancrées en nous depuis de nombreuses années. Elles ont parfois une cause externe ou elles sont parfois liées à nos propres conclusions, suppositions.

> Écris la raison du fondement de tes croyances.

Exemples :

Je n'ai pas d'argent → Je suis issu d'une famille très pauvre, je n'ai jamais eu d'argent, j'ai toujours galéré pour juste survivre, je n'ai donc pas d'argent de côté. Je sais que sans un apport conséquent je ne pourrai pas réaliser mon projet.

Il existe déjà ce service dans ma région → Je vois que des personnes reconnues proposent de vendre le même produit que moi. Je n'ai aucune chance face à elles de m'imposer sur ce marché.

Je ne suis pas assez organisé → J'ai toujours eu des problèmes d'organisation. D'ailleurs sur mes bulletins scolaires, l'appréciation qui revenait toujours était « N'est pas organisé dans son travail ».

Je ne suis pas à la hauteur → Je n'ai pas fait d'études, je n'ai pas assez de connaissances pour me lancer dans ce projet.

J'ai peur d'échouer → Je n'ai jamais réussi quelque chose de bien dans ma Vie. Je ne connais que l'échec, je n'ai pas envie que l'histoire se répète.

Je suis trop vieux → À mon âge, c'est trop tard pour commencer quelque chose, je ne suis pas au point avec les nouvelles technologies, je ne suis plus à la page de ce qui se fait pour réussir.

Si je crois au Père Noël à l'âge de 3 ans, c'est parce que mes parents que je ne peux que croire sur parole m'ont dit qu'il existait. Si je crois que mon projet est impossible parce que je n'ai pas d'argent, c'est parce que je suis issue d'une famille pauvre et que ma mère disait toujours : « Nous n'avons pas d'argent et nous n'en aurons jamais ! »

Mais voilà, j'ai découvert que le Père Noël n'existait pas. J'ai aussi lu toutes ces histoires de personnes qui parties de rien financièrement parlant, avaient bâti un « empire » dans leur domaine.

> Fais ta méditation de pleine conscience en gardant près de toi un stylo et ton classeur ouvert à l'intercalaire « Écriture intuitive ».

> Tout de suite après avoir terminé ta méditation, écris sans réfléchir sur ta page. Dès que tu commences à réfléchir, arrête-toi d'écrire. Tu vas peut-être écrire un seul mot, peut-être deux, peut-être une phrase, peut-être une page. Ce qui est important c'est vraiment d'arrêter d'écrire dès que tu réfléchis. Ce que tu auras écrit sera dicté par ton âme.

> Note tes autres impressions et sensations physiques et intérieures de ta méditation à l'intercalaire « Méditation ». Cela peut être des images, des pensées, des idées, l'impression d'être touché, des fourmillements, une chaleur, un goût, une odeur, etc.

> Contemple ton tableau de visualisation pendant quelques minutes. Concentre-toi sur chaque image, chaque mot, comme si c'était déjà là et ressens la sensation que ces éléments te procurent.

> N'oublie pas de poser ton classeur ouvert à l'intercalaire « Rêves » sur ta table de chevet pour y noter tes rêves quand ils sont encore frais. Si tu n'as pas l'habitude de te souvenir de tes rêves, demande à ton âme en te couchant qu'elle t'aide dans ce sens, comme nous l'avons vu dans un exercice précédent. Analyse ton ou tes rêves si tu en as, comme vu « jour 5 semaine 3 ».

S8/Jour 2

J'inverse mes croyances limitatives

Hier, tu as identifié les croyances limitatives qui créent des blocages dans ta Vie.
Aujourd'hui, tu vas les inverser.

Les exercices

Inverse ces croyances limitatives écrites hier en croyances motivantes à l'intercalaire « Esprit » :

Je reprends mon exemple d'hier et j'inverse mes croyances limitatives en croyances motivantes :

- *Je n'ai pas d'argent → Je vais trouver un financement.*
- *Il existe déjà ce service dans ma région → Je vais alors m'inspirer de ces personnes pour que ma société fonctionne.*
- *Je ne suis pas assez organisé → Je vais apprendre à m'organiser.*
- *Je ne suis pas à la hauteur → Je vais me perfectionner en m'inscrivant à une formation.*
- *J'ai peur d'échouer → Je vais y arriver.*
- *Je suis trop vieux → J'ai acquis la maturité et l'expérience nécessaires pour me lancer dans ce projet.*

Sais-tu que le professeur de musique de Beethoven lui a dit qu'il n'avait aucun talent ou encore que Steven Spielberg a été refoulé trois fois d'une école de cinéma ? Des exemples comme cela il y en a à la pelle, ce ne sont pas des cas isolés.

> Fais ta méditation de pleine conscience en gardant près de toi un stylo et ton classeur ouvert à l'intercalaire « Écriture intuitive ».

> Tout de suite après avoir terminé ta méditation, écris sans réfléchir sur ta page. Dès que tu commences à réfléchir, arrête-toi d'écrire. Tu vas peut-être écrire un seul mot, peut-être deux, peut-être une phrase, peut-être une page. Ce qui est important c'est vraiment d'arrêter d'écrire dès que tu réfléchis. Ce que tu auras écrit sera dicté par ton âme.

> Note tes autres impressions et sensations physiques et intérieures de ta méditation à l'intercalaire « Méditation ». Cela peut être des images, des pensées, des idées, l'impression d'être touché, des fourmillements, une chaleur, un goût, une odeur, etc.

> Contemple ton tableau de visualisation pendant quelques minutes. Concentre-toi sur chaque image, chaque mot, comme si c'était déjà là et ressens la sensation que ces éléments te procurent.

> N'oublie pas de poser ton classeur ouvert à l'intercalaire « Rêves » sur ta table de chevet pour y noter tes rêves quand ils sont encore frais. Si tu n'as pas l'habitude de te souvenir de tes rêves, demande à ton âme en te couchant qu'elle t'aide dans ce sens, comme nous l'avons vu dans un exercice précédent. Analyse ton ou tes rêves si tu en as, comme vu « jour 5 semaine 3 ».

S8/Jour 3

J'intègre mes croyances motivantes

Hier, tu as inversé tes croyances limitatives en croyances motivantes. Maintenant il te faut des croyances positives pour les intégrer de façon permanente.

Les exercices

> Écris à la suite intercalaire « Esprit » :

1- Les souvenirs ou anecdotes que tu as déjà vécues qui sont en lien avec ces croyances motivantes.

Exemple avec la croyance motivante « Je vais apprendre à m'organiser » :

J'ai déjà montré que je pouvais m'organiser car je suis maman de 3 enfants et j'ai toujours dû m'organiser pour réussir toutes mes tâches du quotidien, je n'ai pas eu le choix.

Tu vois que cette croyance limitative « je ne suis pas organisé » n'est pas vraie, puisque tu as déjà fait preuve d'organisation.

2- Quelles actions tu vas entreprendre pour rendre concrètes ces croyances motivantes.

Exemple :

Et si j'achetais un bel agenda, avec une belle couverture qui me donnerait envie de tout planifier. Je le remplierais en fonction de mon objectif à atteindre, je le consulterais tous les matins en checkant chaque tâche réalisée.

> Fais ta méditation de pleine conscience en gardant près de toi un stylo et ton classeur ouvert à l'intercalaire « Écriture intuitive ».

> Tout de suite après avoir terminé ta méditation, écris sans réfléchir sur ta page. Dès que tu commences à réfléchir, arrête-toi d'écrire. Tu vas peut-être écrire un seul mot, peut-être deux, peut-être une phrase, peut-être une page. Ce qui est important c'est vraiment d'arrêter d'écrire dès que tu réfléchis. Ce que tu auras écrit sera dicté par ton âme.

> Note tes autres impressions et sensations physiques et intérieures de ta méditation à l'intercalaire « Méditation ». Cela peut être des images, des pensées, des idées, l'impression d'être touché, des fourmillements, une chaleur, un goût, une odeur, etc.

> Contemple ton tableau de visualisation pendant quelques minutes. Concentre-toi sur chaque image, chaque mot comme si c'était déjà là et ressens la sensation que ces éléments te procurent.

> N'oublie pas de poser ton classeur ouvert à l'intercalaire « Rêves » sur ta table de chevet pour y noter tes rêves quand ils sont encore frais. Si tu n'as pas l'habitude de te souvenir de tes rêves, demande à ton âme en te couchant qu'elle t'aide dans ce sens, comme nous l'avons vu dans un exercice précédent. Analyse ton ou tes rêves si tu en as, comme vu « jour 5 semaine 3 ».

S8/
Jours 4 à 7

Les bonnes habitudes

Les exercices

> Relis à voix haute les croyances motivantes et les actions que tu as trouvées à faire pour les renforcer. Si tu en trouves d'autres, n'hésite pas à les noter.

> Fais ta méditation de pleine conscience en gardant près de toi un stylo et ton classeur ouvert à l'intercalaire « Écriture intuitive ».

> Tout de suite après avoir terminé ta méditation, écris sans réfléchir sur ta page. Dès que tu commences à réfléchir, arrête-toi d'écrire. Tu vas peut-être écrire un seul mot, peut-être deux, peut-être une phrase, peut-être une page. Ce qui est important c'est vraiment d'arrêter d'écrire dès que tu réfléchis. Ce que tu auras écrit sera dicté par ton âme.

> Note tes autres impressions et sensations physiques et intérieures de ta méditation à l'intercalaire « Méditation ». Cela peut être des images, des pensées, des idées, l'impression d'être touché, des fourmillements, une chaleur, un goût, une odeur, etc.

> Contemple ton tableau de visualisation pendant quelques minutes. Concentre-toi sur chaque image, chaque mot comme si c'était déjà là et ressens la sensation que ces éléments te procurent.

> N'oublie pas de poser ton classeur ouvert à l'intercalaire « Rêves » sur ta table de chevet pour y noter tes rêves quand ils sont encore frais. Si tu n'as pas l'habitude de te souvenir de tes rêves, demande à ton âme en te couchant qu'elle t'aide dans ce sens, comme nous l'avons vu dans un exercice précédent. Analyse ton ou tes rêves si tu en as, comme vu « jour 5 semaine 3 ».

Semaines 9, 10, 11 • Procrastination

Selon Wikipédia « la procrastination est une tendance à remettre systématiquement au lendemain des actions (qu'elles soient limitées à un domaine précis de la vie quotidienne ou non). Le "retardataire chronique" appelé procrastinateur, n'arrive pas à se "mettre au travail" surtout lorsque cela ne lui procure pas de satisfaction immédiate. Être un "retardataire chronique" ne signifie pas ne rien faire. Au contraire, le sujet peut être pris d'une véritable frénésie d'activités [...] tant que celles-ci ne possèdent aucun rapport avec la tâche problématique. »

La tâche problématique est celle qui nous fait peur mais dont on rêve. Tu te souviens, quand tu as commencé à te trouver tout plein d'excuses pour ne pas aller vers la réalisation de tes rêves, entre autres les « je n'ai pas le temps », « je n'ai pas de compétences » et toutes ces croyances limitatives que nous avons travaillées la semaine dernière. C'est bien une ou des peurs qui se cachaient derrière toutes ces croyances, toutes ces excuses.

La peur est parfois une émotion bénéfique pour ta survie, la plupart du temps, elle est un indicateur merveilleux. Elle te montre la voie vers quelque chose qui te mettra dans une grande joie. Un peu comme le trac avant de monter sur scène pour un comédien, une fois sur scène, le trac s'évapore et le sentiment de plaisir est intense.

Ces derniers jours, tu as fait un tableau de visualisation sur ce que tu aimerais voir arriver dans ta vie. Normalement, il a dû ressortir lorsque nous avons travaillé les croyances limitatives. Tu sais aujourd'hui que ce sont ces croyances, ces peurs, qui t'empêchent d'aller vers la réalisation totale de ton tableau de visualisation.

Mais comme tu as travaillé dessus, tu as pris conscience que ces peurs n'avaient pas raison d'être.

Alors tu es content de savoir que ton ou tes projets vont pouvoir se réaliser, mais voilà ta peur déguisée en procrastination revient à la charge et tu te mets des freins, tu repousses des tâches, tu évites l'action vers la réalisation de rêves et tes projets.

Il te faut pourtant passer à l'action et personne ne peut le faire à ta place. L'action ne signifie pas tout révolutionner du jour au lendemain, tu peux réaliser des changements en douceur, un pas après l'autre.

Nous avons déjà vu la problématique de la procrastination lorsque nous avons abordé la méditation de pleine conscience. Nous préférons bien souvent choisir une action qui nous procure un plaisir immédiat plutôt que de choisir une action qui nous procurera un plaisir bien plus grand plus tard. C'est pourquoi, je te propose de procéder par petites étapes sans regarder la finalité. Tu verras qu'un pas après l'autre, tu seras étonné d'en être aussi loin très rapidement.

<< Fais ce qui t'effraie, et la peur disparaîtra. >>
Anonyme

N'oublie pas les engagements que tu as pris pour ton corps, planifie-les pour cette semaine.

Les exercices

> Le premier jour, note à l'intercalaire « Esprit » ce qu'il risque de se produire de négatif pour toi si tu ne vas pas vers tes projets. Il te faut une raison tellement agaçante pour toi, que tu te sentes obligé de le faire. Une espèce de coup de pied aux fesses.

> Chaque jour de ces trois semaines, tu vas faire un pas de plus vers la réalisation de tes rêves. Cela peut être, une démarche au sein d'une organisation, de la paperasse, mettre tes idées en place, écrire,

enregistrer, etc.

Tu vas remplir les plannings à l'intercalaire « Esprit » pour chacune des prochaines semaines. Tu devras les checker tous les jours. Pré-remplis déjà ces trois semaines, ensuite tu pourras toujours ajouter des actions au fur et à mesure de ton avancement. Nous en avons déjà parlé, le tableau de visualisation, la gratitude et la loi d'attraction c'est super pour aller vers ta réalisation, mais tu as aussi besoin d'être dans l'action pour les réaliser. Sans action, rien ne se passe. La Vie est mouvement et tu es vivant.

Pendant ces trois semaines tu n'oublieras pas également de faire les exercices suivants :

> Relis à voix haute les croyances motivantes et les actions que tu as trouvées à faire pour les renforcer. Si tu en trouves d'autres, n'hésite pas à les noter.

> Fais ta méditation de pleine conscience en gardant près de toi un stylo et ton classeur ouvert à l'intercalaire « Écriture intuitive ».

> Tout de suite après avoir terminé ta méditation, écris sans réfléchir sur ta page. Dès que tu commences à réfléchir, arrête-toi d'écrire. Tu vas peut-être écrire un seul mot, peut-être deux, peut-être une phrase, peut-être une page. Ce qui est important c'est vraiment d'arrêter d'écrire dès que tu réfléchis. Ce que tu auras écrit sera dicté par ton âme.

> Note tes autres impressions et sensations physiques et intérieures de ta méditation à l'intercalaire « Méditation ». Cela peut être des images, des pensées, des idées, l'impression d'être touché, des fourmillements, une chaleur, un goût, une odeur, etc.

> Contemple ton tableau de visualisation pendant quelques minutes. Concentre-toi sur chaque image, chaque mot comme si c'était déjà là et ressens la sensation que ces éléments te procurent.

> N'oublie pas de poser ton classeur ouvert à l'intercalaire « Rêves » sur ta table de chevet pour y noter tes rêves quand ils sont encore frais. Si tu n'as pas l'habitude de te souvenir de tes rêves, demande à ton âme en te couchant qu'elle t'aide dans ce sens, comme nous l'avons vu dans un exercice précédent. Analyse ton ou tes rêves si tu en as, comme vu « jour 5 semaine 3 ».

Semaine 12 • Bilan

Nous arrivons à la fin de ce programme. Je te remercie pour ta confiance, j'espère avoir pu t'aider sur ton chemin vers toi.

Si ce n'est pas le cas, peut-être as-tu besoin d'un peu plus de temps, peut-être que tu n'es pas prêt, dans tous les cas ce programme aura au moins pu te servir à semer des petites graines qui germeront plus tard. Si tu en ressens le besoin, tu pourras refaire ce challenge à un autre moment de ta Vie. Tu pourras toujours intégrer certaines notions qui t'ont paru être une bonne idée dans ton quotidien.

Tu le sais, c'est en continuant ce que nous avons commencé ici ensemble que tu pourras te réaliser pleinement. Suis ton intuition et ta joie dans tous les aspects de ta Vie, accepte ce que tu ne peux pas changer en portant un regard plus positif sur les évènements. Il y a du positif en tout, même dans la souffrance. Je pense que tout est parfait, il suffit juste d'ouvrir un livre de biologie pour s'en rendre compte. N'oublie pas d'accorder autant d'importance à ton corps, à ton âme et à ton esprit. Maintenant tu sais comment leur donner toute la place qu'ils méritent.

Durant cette semaine, tu vas revenir sur tout ton programme, noter ce que tu veux continuer et t'y engager.

« L'extraordinaire se trouve sur le chemin des gens ordinaires. »
Paulo Coelho

N'oublie pas les engagements que tu as pris pour ton corps, planifie-les pour cette semaine.

S12/Jour 1

Corps

Relis ce que tu as noté à l'intercalaire « Corps ».

> Au sujet des chakras, tu peux refaire les exercices et méditations que tu souhaites en fonction des déséquilibres les plus prononcés. Quel chakra est le plus en déséquilibre ? cela peut être une piste de travail. N'hésite pas à revenir sur les exercices associés au chakras lorsque tu sentiras qu'un chakra a besoin d'être travaillé.

> Ton rapport au corps a-t-il changé ? Tu peux refaire les exercices dont tu penses obtenir encore une aide. Et au sujet d'une activité sportive, j'espère que tu as trouvé une pratique qui te convient et que tu continues à respecter tes engagements envers toi-même.

> Aujourd'hui, fais les exercices quotidiens récurrents du challenge que tu as envie de continuer.

S12/Jour 2

Âme

Relis ce que tu as noté à l'intercalaire « Âme ».

> Qu'en est-il du pardon ? As-tu réussi à te pardonner et à pardonner aux autres ? Si non, refais le ou les exercices qui te sembleront les plus intéressants pour t'aider.
> Et au sujet de la gratitude ? Trouves-tu que cet exercice a changé quelque chose ? Penses-tu le continuer ?
> As-tu l'envie de te procurer un petit carnet pour y déposer tes émotions négatives et t'en libérer ?
> Aujourd'hui, fais les exercices quotidiens récurrents du challenge que tu as envie de continuer.

S12/Jour 3

Esprit

Relis ce que tu as noté à l'intercalaire « Esprit ». Où en es-tu de tes projets ? Nous l'avons vu, il n'est pas nécessaire de tout plaquer du jour au lendemain, nous pouvons opérer des changements en douceur en effectuant chaque jour un pas de plus vers nos aspirations profondes, aussi petit soit-il. Continue avec tes propres plannings ce que tu as commencé.

- As-tu toujours les mêmes croyances limitatives ? Suite à l'avancement de ton projet, y'en a-t-il d'autres qui sont apparues ? Refais les exercices si besoin.
- Aujourd'hui, fais les exercices quotidiens récurrents du challenge que tu as envie de continuer.

S12/Jour 4

Méditation

Relis ce que tu as noté à l'intercalaire « Méditation ». S'il n'y avait qu'un exercice que je devais garder, ce serait celui-là. D'une part parce que l'âme est souvent la partie la moins stimulée et d'autre part parce que c'est mon essence première, celle qui sait, je ne pourrais plus me passer d'elle. J'ai remarqué aussi que lorsque je vais vers elle, elle me donne envie de m'occuper de toutes les autres parties. Ainsi, j'ai envie de réaliser mes rêves, de prendre soin de mon corps, mon rapport aux autres, aux situations, est plus positif, etc.

Ressens-tu des différences dans ta Vie depuis que tu médites régulièrement ? Penses-tu continuer l'exercice ?

> Aujourd'hui, fais les exercices quotidiens récurrents du challenge que tu as envie de continuer.

S12/Jour 5

Écriture intuitive

Relis ce que tu as noté à l'intercalaire « Écriture intuitive ». Cet exercice t'a-t-il permis d'accéder à des informations intéressantes, t'a-t-il aidé ? Penses-tu continuer ?

> Aujourd'hui, fais les exercices quotidiens récurrents du challenge que tu as envie de continuer.

S12/Jour 6

Rêves

Relis ce que tu as noté à l'intercalaire « Rêves ». Y a-t-il des rêves qui font sens aujourd'hui ? Est-ce un exercice qui t'a semblé intéressant ? As-tu envie de continuer à noter tes rêves ?

> Aujourd'hui, fais les exercices quotidiens récurrents du challenge que tu as envie de continuer.

S12/Jour 7

Qui suis-je ?

À l'intercalaire « Je suis », écris une nouvelle présentation. Compare-la avec ta présentation du début. Vois-tu des changements ?

> Aujourd'hui, fais les exercices quotidiens récurrents du challenge que tu as envie de continuer.

Contact

Tu peux continuer à faire vivre ce programme au quotidien en conservant les bonnes pratiques qui continueront à t'aider à te libérer et te réaliser.

Je serais ravie de connaître ton évolution, on reste en contact ?
Le *Be Yourself Challenge* continue de te motiver et de t'inspirer au quotidien sur les réseaux sociaux, cherche Sandrine HK et abonne-toi.
Retrouve-moi également sur mon site Internet : www.sandrinehk.com.

L'objet à deviner

Agenda semaines 9, 10, 11

Semaine 9

8
9
10
11
12
13

LUNDI

Jour 1

14
15
16
17
18
19

IMPORTANT

Semaine 9

8
9
10
11
12
13

MARDI
Jour 2

14
15
16
17
18
19

IMPORTANT

Semaine 9

8 ______
9 ______
10 ______
11 ______
12 ______
13 ______

MERCREDI

Jour 3

14 ______
15 ______
16 ______
17 ______
18 ______
19 ______

IMPORTANT

Semaine 9

JEUDI

Jour 4

8
9
10
11
12
13

14
15
16
17
18
19

IMPORTANT

Semaine 9

8
9
10
11
12
13

VENDREDI
Jour 5

14
15
16
17
18
19

IMPORTANT

Semaine 9

8
9
10
11
12
13

SAMEDI

Jour 6

14
15
16
17
18
19

IMPORTANT

Semaine 9

8
9
10
11
12
13

DIMANCHE

Jour 7

14
15
16
17
18
19

IMPORTANT

Notes

Semaine 10

8
9
10
11
12
13

LUNDI

Jour 1

14
15
16
17
18
19

IMPORTANT

8
9
10
11
12
13

MARDI

Jour 2

14
15
16
17
18
19

IMPORTANT

Semaine 10

8
9
10
11
12
13

MERCREDI

Jour 3

14
15
16
17
18
19

IMPORTANT

Semaine 10

8
9
10
11
12
13

JEUDI

Jour 4

14
15
16
17
18
19

IMPORTANT

Semaine 10

8
9
10
11
12
13

VENDREDI
Jour 5

14
15
16
17
18
19

IMPORTANT

Semaine 10

8
9
10
11
12
13

SAMEDI

Jour 6

14
15
16
17
18
19

IMPORTANT

Semaine 10

DIMANCHE
Jour 7

8
9
10
11
12
13

14
15
16
17
18
19

IMPORTANT

Notes

Semaine 11

LUNDI

Jour 1

8 ____
9 ____
10 ____
11 ____
12 ____
13 ____

14 ____
15 ____
16 ____
17 ____
18 ____
19 ____

IMPORTANT

8
9
10
11
12
13

MARDI

Jour 2

14
15
16
17
18
19

IMPORTANT

Semaine 11

MERCREDI

Jour 3

8	14
9	15
10	16
11	17
12	18
13	19

IMPORTANT

Semaine 11

JEUDI

Jour 4

8

9

10

11

12

13

14

15

16

17

18

19

IMPORTANT

Semaine 11

8
9
10
11
12
13

VENDREDI

Jour 5

14
15
16
17
18
19

IMPORTANT

Semaine 11

8
9
10
11
12
13

SAMEDI

Jour 6

14
15
16
17
18
19

IMPORTANT

Semaine 11

8
9
10
11
12
13

DIMANCHE
Jour 7

14
15
16
17
18
19

IMPORTANT

Notes

As-tu aimé Be Yourself Challenge ?

Si tu as aimé ce livre, nous aimerions te demander une petite faveur en retour. L'écriture d'un ouvrage représente des mois d'écriture et souvent de longues années de travail en amont pour acquérir les connaissances nécessaires. C'est pourquoi, si tu le veux bien, nous te serions reconnaissants de prendre quelques minutes pour parler de ce livre autour de toi, à tes amis, à tes libraires, sur les forums, blogs, sites web, pages, réseaux sociaux, etc., mais aussi pour laisser un avis sur les sites de vente en ligne.

Tes commentaires participent beaucoup à la visibilité du travail de nos auteurs, mais les aident (et nous aident) aussi à mieux cerner tes attentes, à apporter des améliorations à leur travail et à écrire des ouvrages sur d'autres sujets qui pourraient t'intéresser.

Un livre ne vit et n'existe que lorsqu'il se partage et devient accessible à d'autres. Or, cela ne peut se faire que s'ils en entendent parler. Voilà pourquoi ta participation est aussi importante, et pourquoi nous nous en remettons à toi.

Ouvrages du même éditeur

L'Almanach d'une nana

Auteure : Catherine Grosdhomme

Vivre sainement et avec bonne humeur tout au long de l'année, ça s'entretient ! *L'Almanach d'une nana* vous propose des astuces pour progresser en toute tranquillité au fil des mois et ainsi vivre sereinement. Astuces bien-être, alimentation, étape coaching, sport doux, développement personnel... Un livre complet pour se découvrir et renouer avec soi.

Faites le bilan de votre état intérieur et découvrez les moyens de progresser, avec bienveillance.

Broché 15 x 21 - Illustrations couleur - 184 pages

La Vie, une histoire d'amour avec... Soi

AUTEUR : KALIL J. MACÉ

« Si tu veux être aimé pour toi-même, alors, apprends d'abord à t'aimer. » Qui n'a pas déjà entendu cette petite phrase ?
Qu'est-ce qui fait que nous avons parfois le sentiment d'un échec lors d'un travail psychothérapeutique ? Quelles sont les raisons qui font que, malgré un acharnement à vouloir changer, nous restons bloqués dans les mêmes systèmes ?
Si chaque situation, que nous vivons ou qui nous a conditionnés, était l'occasion d'une remise en question, pour nous aider à développer plus d'amour pour nous-mêmes.
Et si la vie était, surtout, une histoire d'amour avec... Soi ?

S'aimer, c'est avant tout apprendre à se connaître, autant dans notre fonctionnement physiologique, que psychologique et spirituel. C'est rétablir le lien avec soi-même, faire la paix avec le passé et se donner le droit de choisir des contextes et des personnes nourrissantes, autant physiquement, que mentalement, émotionnellement et spirituellement. Ceci, afin de redevenir des êtres autonomes, responsables et libres, dans le respect de soi, des autres et du monde qui nous entoure.

Broché 15 x 21 - Illustrations N&B - 350 pages

101 perles de bonheur

AUTEURE : NATHY LABELL

Véritable ouvrage de méditations et de pensées « constructives », *101 perles de bonheur* est un ouvrage précieux qui nous invite à demeurer positifs, à maintenir une attitude victorieuse et à faire les meilleurs choix possibles afin de nous épanouir tout au long de notre vie.

Si la vie contient son lot de surprises et son lot de fardeaux, il nous appartient d'en extraire le meilleur.

C'est en partant de ce postulat que l'auteure nous offre page après page les clés afin de prendre conscience de ce qui se vit en nous et autour de nous, dans le but de transformer et d'améliorer notre vie jour après jour...

Broché 15 x 21 - Illustrations N&B - 132 pages

Impression & brochage SEPEC - France
Numéro d'impression : 20954190137 - Dépôt légal : mars 2019

IMPRIM'VERT®

PEFC 10-31-1470 / Certifié PEFC / Ce produit est issu de forêts gérées durablement et de sources contrôlées. / pefc-france.org